아두이노 프렌즈 One

유지철·홍종일·윤호섭 저

B.C.Info

"아두이노 프렌즈 One"

아두이노 프렌즈 One은 아두이노 우노(Arduino UNO)를 기반으로 단계별 학습이 가능하도록 설계된 교육용 프로젝트이다. 총 15개의 UNIT으로 구성되어 있으며, 각 UNIT은 독립적인 PCB 보드를 통해 다양한 센서와 액추에이터의 활용법을 학습할 수 있다. 기초적인 LED 제어부터 시작하여 다양한 디스플레이, 센서, 모터 제어까지 단계별로 학습이 가능하다.

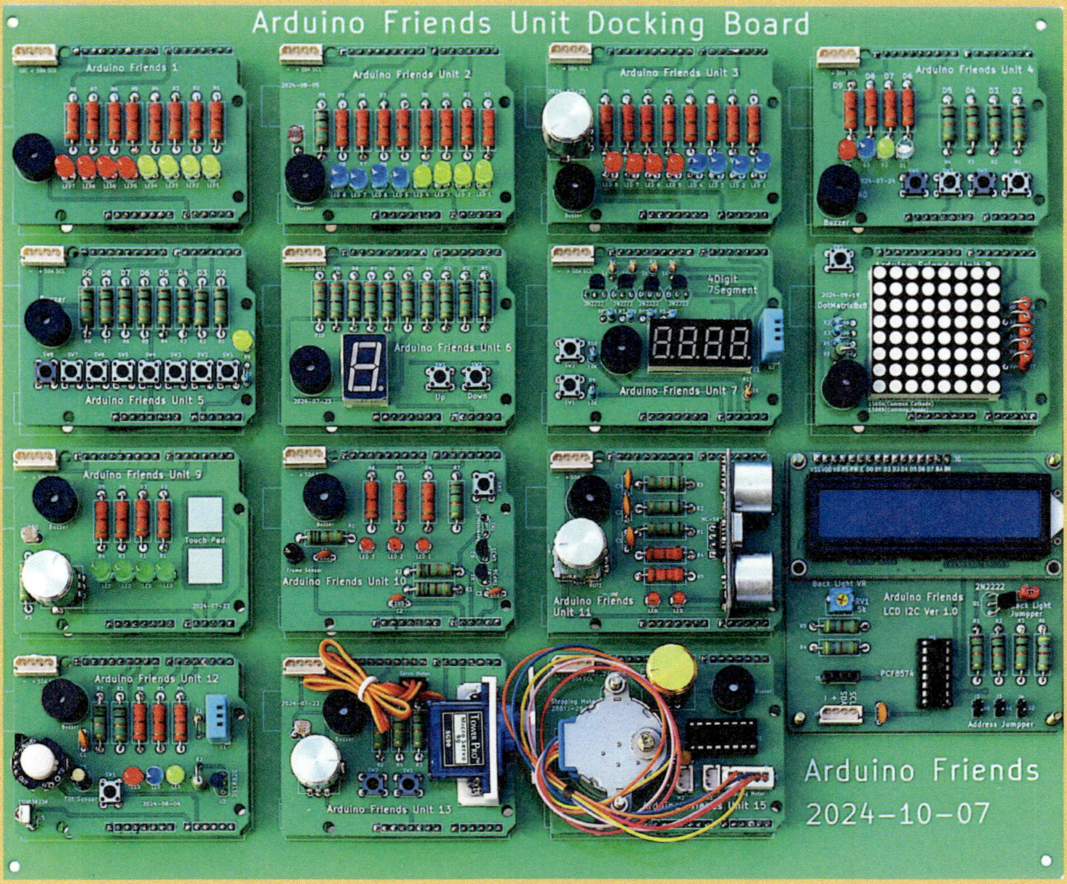

[그림1] 아두이노 프렌즈 베이직

CONTENTS

Introduction

Introduction에서는 본격적인 실습에 앞서 학습에 필요한 준비물과 기초 지식에 대해 알아본다. 아두이노 실습을 원활하게 진행하기 위해 필수 도구와 구성 요소, 기본 개념을 익히는 것이 중요하다. 이를 통해 이후의 실습을 효과적으로 수행할 수 있을 것이다.

1 아두이노 기초

아두이노는 2005년 이탈리아의 IDII(Interaction Design Institute Ivrea)에서 학생들의 마이크로컨트롤러 교육을 위해 개발되었다. 오픈 소스 하드웨어로 공개되어 누구나 자유롭게 사용하고 수정할 수 있으며, 이러한 특성으로 인해 전 세계적으로 메이커 운동의 중심이 되었다.

본 교재에서 사용하는 아두이노 우노 R3의 주요 사양:

- 마이크로컨트롤러 : ATmega328P
- 동작 전압 : 5V
- 권장 입력 전압 : 7~12V
- 디지털 I/O 핀 : 14개 (PWM 출력 6개 포함)
- 아날로그 입력 핀 : 6개
- DC 전류(I/O 핀) : 20mA
- 클럭 주파수 : 16MHz
- 플래시 메모리 : 32KB

전기 전자 기초 지식:

- 전압, 전류, 저항의 개념
- 옴의 법칙 이해
- 직렬과 병렬 연결
- 디지털과 아날로그 신호의 차이
- 기본 전자 부품의 이해
- 전자 회로도에서 심볼에 대한 이해

2 개발 환경 구축

아두이노 IDE 설치:

- IDE 다운로드 및 설치 방법
- 기본 환경 설정
- 보드 및 포트 설정
- 컴파일과 업로드 방법

라이브러리 관리:

- 라이브러리 설치 방법
- 자주 사용되는 라이브러리 소개
- 사용자 라이브러리 만들기
- 라이브러리 업데이트

시리얼 모니터 활용:

- 시리얼 통신의 개념
- 데이터 송수신 방법
- 디버깅 테크닉
- 통신 속도 설정

기본 프로그래밍 문법:

- setup()과 loop() 함수
- 변수와 데이터 타입
- 제어문 (if, for, while)
- 함수 정의와 사용

3 공구와 소모성 자재

기본 공구 소개:

- 인두기: 온도 조절형 추천 (300~400℃ 조절 가능)
- 멀티미터: 전압, 전류, 저항 측정용
- 니퍼와 롱노즈: 부품 다듬기와 조립용
- 납: 유연납 또는 무연납 (0.8mm 추천)

납땜 기초 기술:

- 인두기 온도 설정
- 올바른 납땜 방법
- 땜질 불량 판별법
- 디솔더링 방법
- 부품별 납땜 요령

안전 수칙과 주의사항:

- 인두기 화상 주의
- 적절한 환기 유지
- 보안경 착용 권장
- 전원 연결 시 주의사항
- 정전기 방지 대책

이러한 기초 지식은 아두이노 프로젝트를 시작하는 데 필수적인 내용이며, 안전하고 성공적인 실습을 위한 기반이 된다. 특히 공구 사용과 안전 수칙은 실습 전에 반드시 숙지해야 할 중요한 내용이다. 본 교재를 통해 아두이노 우노의 기본 개념부터 다양한 전자 부품의 활용까지 체계적으로 학습할 수 있다.

읽을거리

아두이노 기초지식

1) 아두이노 탄생 배경

아두이노(Arduino)는 2005년, 이탈리아 이브레아(Ivrea)에 위치한 Interaction Design Institute에서 시작되었다. 이 프로젝트는 교수이자 엔지니어인 마시모 반지(Massimo Banzi)와 그의 동료들이 학생들을 위한 저비용 오픈소스 하드웨어 플랫폼을 개발하기 위해 출발했다.

당시 전자공학을 공부하는 학생들은 고가의 개발 장비와 복잡한 프로그래밍 도구를 사용해야 했기 때문에, 전자 프로젝트를 시작하는 것이 쉽지 않았다. 이에 마시모 반지와 팀원들은 보다 접근성이 높은 저렴한 개발 보드와 간단한 프로그래밍 환경을 구축하여, 누구나 손쉽게 전자공학을 배우고 창의적인 프로젝트를 구현할 수 있도록 하는 것을 목표로 삼았다.

아두이노는 기존에 존재하던 Wiring이라는 하드웨어 플랫폼에서 영감을 받아 개발되었으며, 초기 프로토타입이 완성되면서 본격적으로 오픈소스 개발 보드로 자리 잡았다. 이 프로젝트는 단순한 전자공학 교육을 넘어 예술, 디자인, IoT(사물인터넷), 로봇 공학 등 다양한 분야에서 활용되며 빠르게 확산되었고, 전 세계적인 오픈소스 하드웨어 혁신을 이끌었다.

아두이노가 제공하는 간단한 개발 환경과 강력한 확장성 덕분에, 전문가뿐만 아니라 초보자, 메이커(Maker), 교육자, 연구원 등 다양한 사용자층이 손쉽게 전자 프로젝트를 구현할 수 있게 되었다. 현재까지도 아두이노는 지속적으로 발전하며, 오픈소스 하드웨어의 대표적인 플랫폼으로 자리 잡고 있다.

처음에는 이 프로젝트의 명칭이 정해지지 않았으나, 마시모 반지와 동료들이 이브레아 지역의 한 바(Bar di Re Arduino)에서 모인 자리에서 '아두이노'라는 이름이 떠올랐다. 이 이름은 이탈리아 이브레아의 역사적인 인물인 Arduino 왕(Arduino of Ivrea)과 그 바의 이름에서 유래되었다. 이러한 우연한 아이디어 덕분에, 오늘날까지 '아두이노'라는 명칭이 사용되고 있다.

아두이노 팀은 프로젝트 초창기부터 오픈소스 철학을 고수하며, 하드웨어와 소프트웨어 모두를 공개하기로 결정했다. 이를 통해 누구나 쉽게 접근할 수 있는 전자 개발 플랫폼을 만들었으며, 이러한 개방성은 아두이노가 전 세계적으로 인기를 끄는 데 중요한 역할을 했다.

초기 개발팀에는 마시모 반지뿐만 아니라, 데이비드 멜리스(David Mellis), 톰 이고(Tom Igoe), 지안루카 마르티노(Gianluca Martino) 등이 포함되어 있으며, 이들은 프로젝트를 발전시키는 데 중요한 기여를 했다. 이들의 협업과 오픈소스 정신이 결합되면서, 아두이노는 전자공학 및 프로토타이핑 분야에서 혁신적인 플랫폼으로 자리 잡게 되었다. (EECS umich)(AHIRLABS)(Circuit Projects).

2) 히스토리

- **2005년** : 첫 번째 아두이노 보드가 등장. 주로 예술가와 디자이너가 간단한 전자 제품을 제작하는 데 이용.
- **2006년~2010년** : 아두이노 보드와 소프트웨어 환경이 개선되고, 다양한 버전의 보드가 출시. 오픈소스 하드웨어와 소프트웨어 철학을 지지하며 많은 사용자가 커뮤니티에 참여.
- **2013년** : 아두이노가 메이커 운동과 함께 세계적으로 유명해지며, 다양한 분야에서 응용. 교육기관, 연구소, 그리고 취미공학자들이 아두이노를 사용하여 프로젝트를 제작.
- **2015년 이후** : 산업용 아두이노 보드가 출시되며, 교육을 넘어 상업적 제품 개발에도 사용되기 시작.

3) 전세계 사용자 현황

아두이노는 전 세계적으로 폭넓은 사용자 기반을 가지고 있다. 2020년 기준으로 약 3000만 명 이상의 사용자가 아두이노 플랫폼을 사용한 것으로 추정되며, 그 중에는 취미 공학자, 학생, 교사, 예술가, 그리고 전문 개발자가 포함된다. 아두이노의 쉬운 사용성과 강력한 커뮤니티 덕분에 전자 제품과 소프트웨어를 처음 접하는 초보자부터 고급 프로젝트를 진행하는 전문가까지 다양한 사람들이 사용하고 있다. 특히 교육 분야에서 널리 사용되며, 많은 학교에서 아두이노를 활용한 전자공학 수업을 진행하고 있다.

4) 유명한 커뮤니티

- **Arduino 공식 커뮤니티(Arduino Forum)**: 아두이노 공식 웹사이트에서 운영하는 포럼으로, 전 세계 아두이노 사용자들이 질문과 답변을 주고받는 공간이다.
- **GitHub 아두이노 리포지토리**: 아두이노 IDE, 라이브러리, 예제 코드 등이 공유되는 GitHub 페이지로, 개발자들이 오픈소스 프로젝트에 기여하거나 새로운 기능을 추가할 수 있다.
- **Hackster.io**: 아두이노 프로젝트와 튜토리얼을 공유하는 커뮤니티로, 다양한 아두이노 기반 프로젝트를 볼 수 있고, 자신만의 프로젝트도 게시할 수 있다.

- Instructables: 아두이노를 활용한 다양한 DIY 프로젝트를 소개하는 웹사이트로, 사용자가 직접 만든 프로젝트와 상세한 제작 방법을 공유한다.
- Reddit의 Arduino 서브레딧: 아두이노와 관련된 다양한 주제를 다루는 Reddit 커뮤니티로, 아두이노 문제 해결, 프로젝트 아이디어 공유 등이 활발히 이루어진다.

5) 장단점

장점:

- **저렴한 비용:** 아두이노는 다른 마이크로컨트롤러와 비교했을 때 매우 저렴한 편이다. 초보자도 부담 없이 구매할 수 있다.
- **오픈소스:** 하드웨어와 소프트웨어가 모두 오픈소스이기 때문에 누구나 개발에 참여할 수 있다. 이로 인해 다양한 커뮤니티 기여가 이루어진다.
- **쉬운 프로그래밍 환경:** C/C++ 기반의 아두이노 IDE는 초보자도 쉽게 사용할 수 있도록 설계되었다. 수많은 예제 코드와 라이브러리가 있어 학습이 용이 하다.
- **광범위한 지원:** 전 세계적으로 큰 커뮤니티가 존재하여 문제 해결을 위한 자료를 쉽게 찾을 수 있다. 또한 수 많은 프로젝트가 공유되어 있어 영감을 받을 수 있다.
- **다양한 센서 및 모듈 지원:** 아두이노는 다양한 센서와 모듈을 쉽게 연결하여 다양한 응용 프로그램을 개발할 수 있다.

단점:

- **처리 성능 제한** : 아두이노는 저전력, 저성능 마이크로컨트롤러로 고성능 연산이 필요한 프로젝트에서는 한계가 있을 수 있다.
- **실시간 운영체제 미지원** : 아두이노는 실시간 운영체제(RTOS)를 지원하지 않기 때문에 복잡한 멀티태스킹 프로젝트에는 적합하지 않다.
- **상대적으로 제한된 메모리** : 아두이노의 메모리 용량이 제한되어 있기 때문에 대규모 프로그램을 작성하기 어렵다.

6) 미래 전망

아두이노는 단순한 전자 개발 보드를 넘어 다양한 산업과 기술 분야에서 중요한 역할을 하고 있다. 오픈소스 하드웨어와 소프트웨어의 결합을 통해 교육, 연구 개발, 프로토타이핑, 산업 자동화 등 다양한 용도로 활용되며, 전 세계적으로 높은 인기를 얻고 있다.

특히, 인공지능(AI), 사물인터넷(IoT), 로봇 공학과의 융합이 가속화되면서 아두이노의 적용 범위가 더욱 확대되고 있다. 스마트 농업, 환경 모니터링, 헬스케어 등 다양한 산업에서도 그 역할이 커지고 있으며, 향후 이러한 변화는 더욱 가속화될 것으로 예상된다.

• 인공지능(AI)과 피지컬 AI의 융합

아두이노는 인공지능(AI)과의 결합을 통해 더욱 더 발전할 것이며, 피지컬 AI(Physical AI) 구현에도 중요한 역할을 할 것이다. 경량화된 AI 알고리즘과 결합하여 소형 기기에서도 인공지능 기능을 구현할 수 있으며, 이를 통해 스마트 센서, 자동화 시스템, 자율 로봇 등의 개발이 활발해지고 있다.

피지컬 AI는 인공지능과 하드웨어를 결합하여 현실 세계에서 동작하는 시스템을 의미한다. 아두이노는 센서, 액추에이터, 머신러닝 모델과의 조합을 통해 이러한 시스템을 효과적으로 구현할 수 있는 플랫폼이다. 예를 들어, 로봇 팔, 스마트 헬스케어 기기, 자율 시스템 등의 분야에서 아두이노 기반 AI 기술이 적극적으로 활용되고 있다. 또한, 아두이노를 활용한 실습 중심의 학습이 가능해 학습자들에게 보다 직관적인 이해를 제공한다.

• 임베디드 시스템 교육과 아두이노

아두이노는 임베디드 시스템 교육을 위한 강력한 학습 도구로, 초보자부터 전문가까지 폭넓게 활용할 수 있다. 하드웨어와 소프트웨어를 통합한 학습이 가능하며, 다양한 센서 및 모듈과 결합하여 실습 중심의 교육이 이루어진다. 특히, 실시간 시스템, 마이크로컨트롤러 프로그래밍, 하드웨어 제어 등의 개념을 배우는 데 유용하며, 실전적인 기술 습득이 가능하다.

• 사물인터넷(IoT)과 산업용 아두이노

아두이노는 IoT 프로젝트와 산업용 애플리케이션에 교육에 적합한 플랫폼으로 자리 잡고 있다. 저전력 무선 통신 기술과의 결합을 통해 IoT 기기의 프로토타입 제작에 널리 사용되며, 스마트 홈, 스마트 시티, 공장 자동화 등 다양한 산업 분야에서도 활용이 증가하고 있다.

산업용 아두이노 보드는 안정성과 성능이 강화되어 실제 운영 환경에서도 적용될 수 있도록 개발되고 있으며, 중소기업 및 스타트업에서도 비용 효율적인 솔루션으로 채택되는 사례가 늘어나고 있다. 산업 자동화, 스마트 농업, 에너지 관리 시스템 등에서도 아두이노의 중요성이 부각되고 있으며, IoT 및 산업 분야에서의 활용은 점점 더 확대될 전망이다.

결론적으로, 아두이노는 오픈소스 하드웨어의 상징이자, 창의적 전자 프로젝트와 소프트웨어 교육의 중요한 도구로서, 앞으로도 많은 사람들에게 영감을 주고 성장할 것이다.

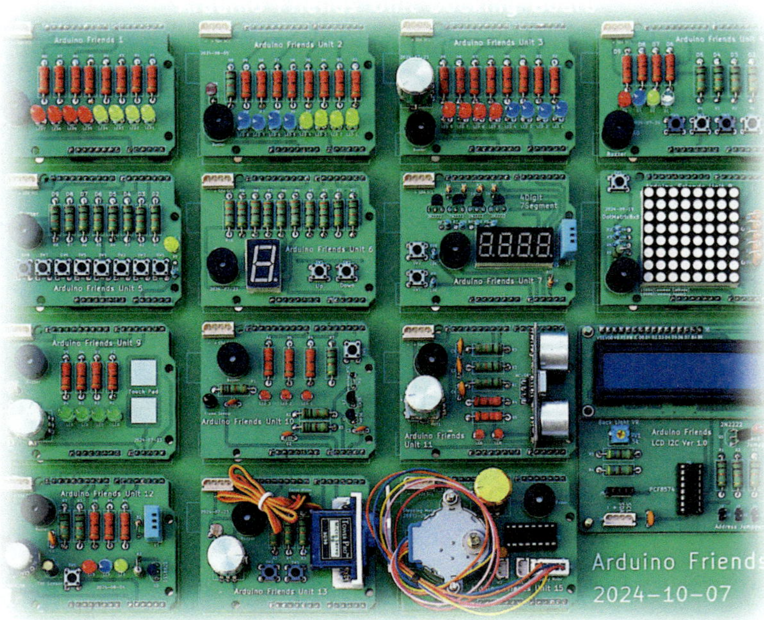
Arduino Friends
2024-10-07

Chapter 01

LED로 배우는 디지털 출력

Unit 1은 아두이노의 가장 기본이 되는 디지털 출력을 학습하기 위해 설계되었다. 디지털 출력은 HIGH(5V)와 LOW(0V) 두 가지 상태만을 가지는 가장 단순한 형태의 출력이지만, 이를 통해 LED 제어, 부저를 이용한 소리 출력 등 다양한 응용이 가능하다.

Unit 1의 핵심 구성요소는 8개의 LED 배열이다. LED(Light Emitting Diode)는 전류가 흐르면 빛을 내는 단순한 반도체 소자로, 디지털 출력의 상태를 시각적으로 확인할 수 있게 해준다. 8개의 LED를 배열 형태로 배치함으로써 2진수 표현, 비트 단위 연산, LED 패턴 생성 등 다양한 프로그래밍 실습이 가능하도록 설계되었다.

직접 PCB에 부품을 납땜하여 완성하는 방식을 채택하여, LED의 극성, 저항의 색 코드 읽기, 부저의 특성 등 전자부품에 대한 이해와 함께 납땜 기술과 같은 기본적인 하드웨어 제작 능력을 기를 수 있다. I2C LCD를 통해 프로그램의 상태나 결과값을 텍스트로 표시할 수 있으며, 옵션으로 제공되는 모드 설정용 푸시버튼을 활용하면 다양한 LED 패턴을 선택할 수 있다.

[그림 2] 완성된 Unit 1

디지털 출력의 기본 개념

아두이노에서 디지털 출력은 HIGH 또는 LOW 두 가지 상태만 가질 수 있다.

HIGH = 5V = 1 = ON
LOW = 0V = 0 = OFF

```
digitalWrite(pin, HIGH);  // 해당 핀에 5V 출력
digitalWrite(pin, LOW);   // 해당 핀에 0V 출력
```

주요 특징

- 출력 전압 : 5V (또는 3.3V)
- 최대 출력 전류 : 핀당 20mA
- 전체 출력 전류 : 200mA (모든 I/O 핀의 합계)

이러한 디지털 출력의 특성 때문에 LED 사용 시에는 전류 제한을 위한 저항이 필요하다. 예로 든 Unit 1에서는 220Ω 저항을 사용하여 LED로 흐르는 전류를 제한하고 있다.

1 준비물

1) Unit 1 PCB 보드

2) 부품 목록:

- LED 8개 (D1~D8)
- 220Ω 저항 8개 (R1~R8)
- 10kΩ 저항 1개 (R9)
- 푸시버튼 스위치 1개 (SW1)
- 부저 1개 (BZ1)
- 핀헤더 소켓

3) 인두, 납, 니퍼, 롱노우즈

2 조립 순서

1) 저항 납땜하기

- R1~R8 : 220Ω (적색-적색-갈색)
- R9 : 10kΩ (갈색-검정-주황)

2) LED 납땜하기

- LED 극성 확인 (긴 다리가 +극)
- D1부터 D8까지 순서대로 부착

3) 스위치와 부저 부착

- SW1 푸시버튼
- BZ1 부저 (극성 주의)

4) 핀헤더 소켓 부착

- 아두이노 핀 배열 확인
- I2C 핀헤더 부착

3 동작 테스트

- LED 점멸

```
const int ledPin = 2;    // 숫자 변경을 통해 LED 선택
int delayTime = 1000;  // LED가 깜빡이는 속도 조절 (1초)

void setup() {
    pinMode(ledPin, OUTPUT);
}

void loop() {
    digitalWrite(ledPin, HIGH);
    delay(delayTime);
    digitalWrite(ledPin, LOW);
    delay(delayTime);
}
```

4 Unit 1 회로도

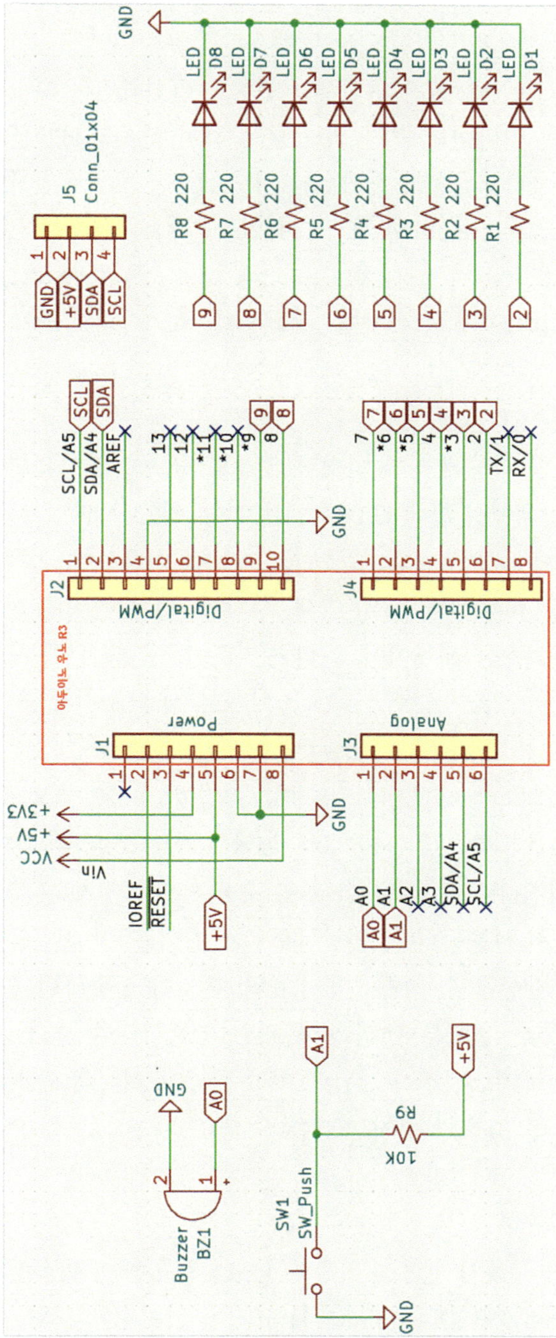

[그림 3] Unit 1의 회로도

읽을 거리

발광 다이오드(LED) 기초 지식

LED의 역사는 1907년 H.J. Round가 전기발광 현상을 발견하면서 시작되었습니다. 이후 1927년 Oleg Losev가 실리콘 카바이드 크리스탈을 이용하여 최초의 LED를 발명했으며, 1962년에 이르러 Nick Holonyak Jr.가 실용적인 최초의 적색 LED를 개발하면서 현대적 의미의 LED가 탄생했습니다. LED 기술은 1960년대 적색 LED의 상용화를 시작으로, 1970년대에는 녹색과 황색 LED가 개발되었고, 1993년 Shuji Nakamura에 의해 고휘도 청색 LED가 개발되면서 혁신적인 발전을 이루었습니다. 이러한 공로로 2014년에는 청색 LED 개발자들이 노벨 물리학상을 수상하게 되었습니다.

LED의 재료 구성은 발광 색상에 따라 다양한 화합물 반도체가 사용됩니다. 적외선 LED에는 갈륨비소(GaAs)가, 빨간색에서 황색 LED에는 갈륨비소인(GaAsP)이 사용됩니다. 고휘도 빨간색, 주황색, 황색 LED는 알루미늄갈륨인듐인(AlGaInP)을 사용하며, 청색과 녹색 LED는 질화갈륨(GaN)을 주로 사용합니다. 또한 청색, 녹색, 자외선 LED에는 인듐질화갈륨(InGaN)이 사용됩니다. LED의 기판 재료로는 사파이어, 실리콘 카바이드, 실리콘이 사용되며, 전극 재료로는 양극에 금이나 은을, 음극에는 알루미늄이나 니켈이 사용됩니다.

전기적 특성 측면에서 LED는 순방향과 역방향 특성이 뚜렷이 구분됩니다. 순방향 전압은 LED의 색상에 따라 다르며, 빨간색은 1.82.2V, 녹색은 2.02.2V, 청색과 백색은 3.03.4V, 자외선은 3.14.4V의 범위를 가집니다. 일반적인 LED의 순방향 전류는 20mA 정도이며, 고출력 LED의 경우 350mA에서 1A까지 사용됩니다. 역방향으로는 최대 5V의 전압을 견딜 수 있으며, 이를 초과하면 항복 현상이 발생할 수 있습니다. LED의 온도가 상승하면 순방향 전압이 감소하고 발광 효율도 감소하므로, 접합온도 관리가 매우 중요합니다. LED의 수명은 일반적으로 50,000100,000시간 정도이며, 시간이 지남에 따라 밝기가 서서히 감소하는 특성을 보입니다. 전기-광 변환 효율은 최대 70~80%까지 도달할 수 있으나, 전류가 증가할수록 효율은 감소하는 경향이 있습니다.

기계적 특성에서 LED는 에폭시 렌즈로 발광부를 보호하고 빛의 방향성을 제어합니다. 크기는 일반 LED의 경우 5mm(T-1 3/4)나 3mm(T-1) 규격이 널리 사용되며, SMD 타입은 3528이나 5050 등의 규격이 있습니다. 칩 LED는 더욱 소형화되어 0603이나 0805 규격으로 제작됩니다.

LED는 40G 정도의 충격과 10Hz에서 2000Hz 범위의 진동을 견딜 수 있으며, -40°C에서 +85°C까지의 온도 범위에서 작동할 수 있습니다. 상대습도 85% 이하의 환경에서 안정적으로 동작하며, 리드프레임은 리드당 23N의 굽힘 강도와 510N의 인장 강도를 가집니다. 납땜 시에는 260°C에서 10초 정도의 내열성을 가지고 있습니다. 방열 특성에서는 접합부와 케이스 간의 열저항이 15~25°C/W 정도이며, 특히 고출력 LED의 경우 효과적인 방열을 위해 히트싱크의 설치가 필수적입니다.

이러한 LED의 다양한 특성들은 실제 응용에서 매우 중요한 고려사항이 됩니다. 특히 LED의 수명과 성능을 최적화하기 위해서는 적절한 전류 제한과 방열 설계가 필수적이며, 이를 통해 LED의 안정적인 동작과 긴 수명을 보장할 수 있습니다. LED 기술은 지속적으로 발전하고 있으며, 에너지 효율성과 환경 친화성으로 인해 현대 조명 기술의 중심으로 자리 잡고 있습니다.

LED 개발 과정에는 흥미로운 에피소드들이 많이 있습니다. 청색 LED를 개발한 Shuji Nakamura의 이야기는 특히 유명합니다. 그는 작은 회사인 니치아화학의 연구원이었을 때, 회사의 적극적인 지원 없이도 밤늦게까지 실험실에서 연구를 계속했습니다. 어느 날 실수로 잘못된 온도에서 실험을 진행했는데, 이 '실수'가 오히려 청색 LED 개발의 breakthrough가 되었습니다. 처음에는 회사로부터 겨우 200달러의 보상금만 받았지만, 후에 소송을 통해 정당한 보상을 받았고, 결국 2014년 노벨 물리학상의 영예까지 안게 되었습니다.

LED 기술은 예상치 못한 문제들도 만들어냈습니다. 예를 들어, 에너지 효율이 높은 LED 신호등을 추운 지역에 설치했을 때, 기존 백열등과 달리 발열량이 적어 눈이 신호등에 쌓이는 문제가 발생했습니다. 이는 별도의 눈 제거 시스템을 추가해야 하는 새로운 과제를 만들었습니다.

한편, LED는 우주 공간에서도 혁신적인 역할을 하고 있습니다. NASA는 국제우주정거장에서 작물을 재배하기 위해 특별히 설계된 LED 조명을 사용합니다. 식물의 광합성에 가장 효율적인 빨간색과 파란색 LED를 조합하여 사용하는데, 이로 인해 우주 정거장의 식물 재배실은 마치 나이트클럽과 같은 화려한 모습을 보입니다.

LED의 발전은 곤충 생태계에 대한 새로운 발견도 가져왔습니다. 연구자들은 특정 파장의 LED가 곤충을 덜 유인한다는 사실을 발견했고, 이는 농작물 재배지나 야외 공간의 조명 설계에 새로운 관점을 제시했습니다. 이처럼 LED 기술은 단순한 조명을 넘어 우리 생활의 다양한 측면에 영향을 미치며, 계속해서 새로운 가능성을 열어가고 있습니다.

Chapter 02 조도센서^{CDS}로 시작하는 아날로그 입력 1

Chapter 2에서는 Unit 2를 활용하여 아날로그 입력의 개념을 학습하기 위해 조도센서(CDS)를 사용한다. 조도센서는 빛의 밝기에 따라 저항값이 변하는 특성을 가지고 있으며, 이를 아두이노의 아날로그 입력 핀(A0)으로 입력 받아 데이터를 처리하는 방법을 배운다. 학습 과정에서는 빛의 밝기에 따라 8단계로 LED를 켜고 끄는 프로그램을 구현하여, 점진적으로 밝기를 표시하는 방법을 익힐 수 있다. 이를 통해 빛의 강도를 시각적으로 표현하거나 응용 가능한 조명 제어 시스템을 설계할 수 있다.

[그림 4] 완성된 Unit 2

아날로그 입력의 기본 개념

아두이노의 아날로그 입력은 0V에서 5V 사이의 전압을 0~1023의 디지털 값으로 변환한다.

0V = 0

5V = 1023

해상도: 10bit (2^10 = 1024단계)

```
analogRead(pin); // 아날로그 값 읽기 (0-1023)
```

주요 특징

- 입력 전압 범위 : 0~5V
- 변환 속도 : 약 100마이크로초
- 입력 임피던스 : 100메가옴

1 준비물

1) Unit 2 PCB 보드

2) 부품 목록:

- 조도센서(GL5516) 1개
- 10kΩ 저항 1개 (R9)
- LED 8개 (D1~D8)
- 220Ω 저항 8개 (R1~R8)

3) 납땜 도구:

인두, 납, 니퍼, 롱노우즈

2 조립 순서

1) 저항 납땜하기

- R1~R8 : 220Ω (적색-적색-갈색)
- R9 : 10kΩ (갈색-검정-주황)

2) 조도센서 납땜하기

- R10 : NSL-5162 조도센서 (극성 없음)

3) LED 납땜하기

- LED 극성 확인 (긴 다리가 +극)
- D1부터 D8까지 순서대로 부착

4) 핀헤더 소켓 부착

- 아두이노 핀 배열 확인
- 핀헤더 부착

3 동작 테스트

1) 조도센서 값 읽기

```
#include <LiquidCrystal_I2C.h>

// I2C 주소 0x3F에 LCD 초기화 (16x2 크기)
LiquidCrystal_I2C lcd(0x3F, 16, 2);

int ledPins[] = {2, 3, 4, 5, 6, 7, 8, 9};
int ledCount = 8;

int lightPin = A1; // Pin connected to the photoresistor

void setup() {
  lcd.init();
  lcd.backlight();
  lcd.setCursor(0, 0); // 첫 번째 줄 첫 번째 칸으로 커서 이동
  lcd.print("Arduino Friends!");
  lcd.setCursor(0, 1); // 첫 번째 줄 첫 번째 칸으로 커서 이동
  lcd.print("Unit2 Example 02");

  for(int i = 0; i < ledCount; i++) {
    pinMode(ledPins[i], OUTPUT);
  }
}

void loop() {
  for(int i = 0; i < ledCount; i++) {
    //digitalWrite(ledPins[i], HIGH);
    analogWrite(ledPins[i], analogRead(lightPin) / 4);
    delay(10);
  }
}
```

2) 밝기에 따른 LED 제어

3) LCD에 조도센서 값 표시하기

4 Unit 2 회로도

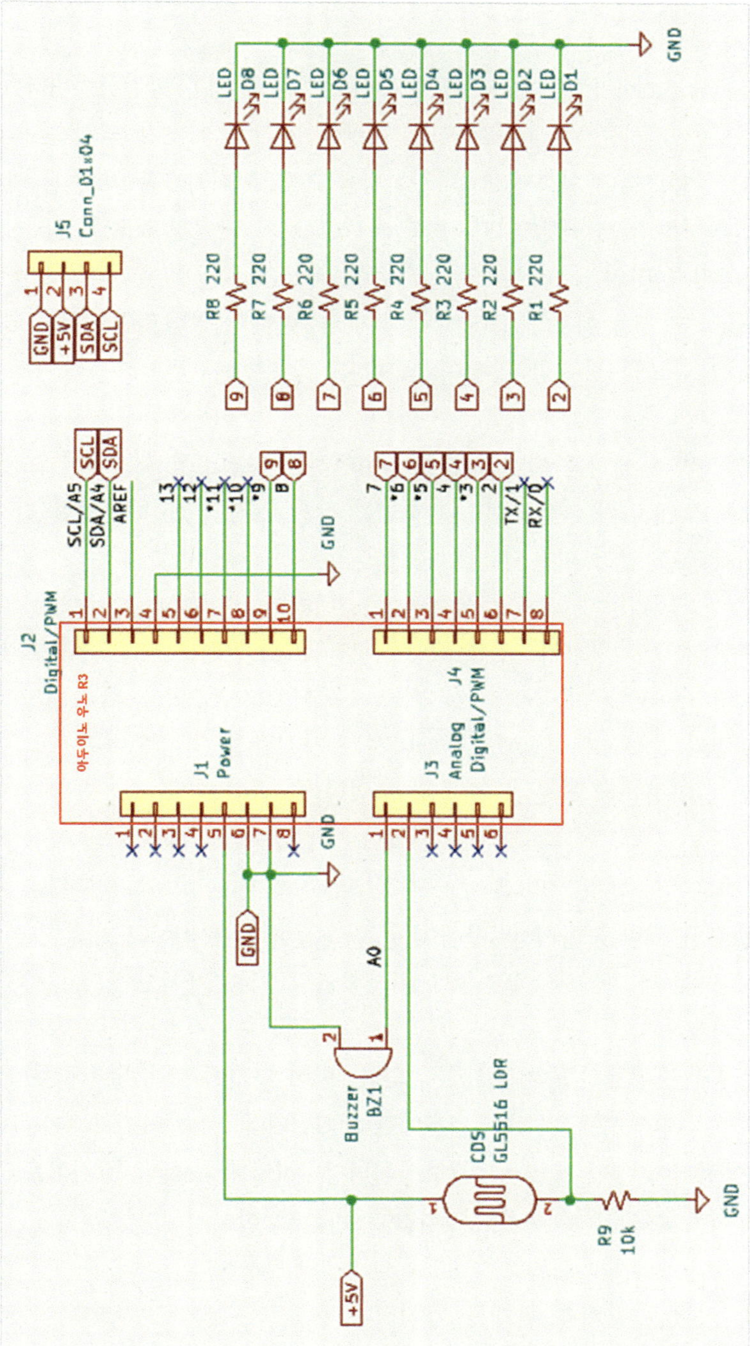

[그림 5] Unit 2의 회로도

읽을 거리

조도센서(CDS)의 발전과 역사

1873년 Willoughby Smith가 셀레늄(Se)에서 광전도 현상을 처음 발견했습니다. 빛에 노출되었을 때 전기 저항이 변하는 이 현상은 이후 광센서 개발의 기초가 되었습니다. 1920년대에 들어 Case와 그의 동료들이 황화납(PbS), 황화탈륨(Tl_2S), 황화카드뮴(CdS) 등 다양한 화합물의 광전도 특성을 연구하기 시작했습니다. 1947년 Frerichs가 단결정 CdS를 성장시키는데 성공했고, 이것이 현대적 의미의 CdS 센서의 시작점이 되었습니다. 1950년대 초반 RCA 연구소의 Gorlich 팀이 증착 기술을 이용해 CdS 박막을 제작하는데 성공했으며, 이는 CdS 센서의 대량 생산을 가능하게 만드는 중요한 발전이었습니다.

조도센서(CDS)는 빛의 세기를 전기적 신호로 변환하는 광전도성 소자입니다. 이 센서는 주변 밝기를 감지하고 그에 따라 저항값이 변화하는 특성을 가지고 있어, 다양한 전자 기기와 제어 시스템에서 광센서로 널리 활용되고 있습니다.

조도센서의 핵심 재료인 황화카드뮴(CdS)은 카드뮴(Cd)과 황(S)의 화합물로, II-VI족 화합물 반도체에 속합니다. 이 물질은 노란색을 띄는 결정성 고체로, 2.42eV의 밴드갭을 가진 직접 천이형 반도체입니다. 특히 이 밴드갭 에너지는 가시광선 영역과 매우 잘 부합하여, 빛을 전기적 신호로 변환하는데 탁월한 효율을 보입니다.

황화카드뮴은 실온에서 안정적인 wurtzite 결정구조를 가지며, 이러한 결정구조는 물질의 광전도성 특성에 중요한 역할을 합니다. 빛에 대한 반응성이 매우 뛰어나고 온도 변화에도 비교적 안정적인 특성을 보여, 광센서 재료로서 이상적인 특성을 가지고 있습니다.

조도센서의 동작은 광전효과를 기반으로 합니다. 빛이 황화카드뮴 결정에 도달하면 가전자대에 있던 전자가 빛 에너지를 흡수하여 전도대로 여기됩니다. 이때 가전자대에는 정공이, 전도대에는 전자가 생성되어 전자-정공 쌍이 형성됩니다. 이렇게 생성된 캐리어들은 물질의 전기 전도도를 증가시키게 되고, 이는 곧 저항값의 변화로 이어집니다.

빛의 세기와 저항값은 반비례 관계를 가집니다:

밝은 환경 (강한 빛 에너지)

- 더 많은 전자-정공 쌍 생성
- 전기 전도도 증가
- 저항값 감소 (약 1kΩ 수준)

어두운 환경 (약한 빛 에너지)

- 적은 전자-정공 쌍 생성
- 전기 전도도 감소
- 저항값 증가 (약 50kΩ 수준)

아두이노에서의 활용 아두이노에서는 이러한 조도센서의 저항값 변화를 전압분배 원리를 통해 측정합니다. 센서는 풀다운 저항(일반적으로 10kΩ)과 직렬로 연결되며, 두 저항의 중간 지점 전압을 측정합니다. 이때의 전압값은 다음 공식을 따릅니다:

$$Vout = Vin \times R2/(R1 + R2)$$

여기서,

- Vin: 입력 전압 (보통 5V)
- R1: CDS 센서의 저항값 (빛의 세기에 따라 변화)
- R2: 풀다운 저항값 (10kΩ 고정)
- Vout: 아두이노가 읽는 전압값

이렇게 측정된 전압값은 아두이노의 10비트 아날로그-디지털 변환기(ADC)를 통해 0에서 1023 사이의 디지털값으로 변환됩니다. 이 디지털값을 프로그램에서 활용하여 다양한 제어가 가능해집니다.

조도센서의 응용 조도센서는 다양한 실생활 응용이 가능합니다:

- 자동 가로등 시스템
- 식물 생장 모니터링 장치
- 실내 조명 자동 제어
- 보안 시스템의 침입 감지
- 디스플레이 밝기 자동 조절
- 태양광 추적 시스템

황화카드뮴은 그 우수한 광전도성과 안정성으로 인해 조도센서의 핵심 재료로 널리 사용되고 있습니다. 그러나 카드뮴이 인체에 유해한 중금속이라는 환경적 문제로 인해, 최근에는 친환경적인 대체 물질 개발이 활발히 이루어지고 있습니다. 이는 전자 산업의 지속 가능한 발전을 위한 중요한 연구 분야로 주목받고 있습니다.

이러한 원리와 특성을 바탕으로, 조도센서는 현대 전자기기에서 없어서는 안 될 중요한 부품으로 자리잡고 있으며, 앞으로도 계속해서 발전하고 진화할 것으로 기대됩니다.

Chapter
03 포텐셔미터로 시작하는 아날로그 입력 2

Chapter 3에서는 Unit 3를 활용하여 아날로그 입력의 개념을 학습하기 위해 포텐셔미터(가변저항:VR)를 사용한다. 포텐셔미터는 회전에 따라 저항값이 변하는 특성을 가지고 있으며, 이를 아두이노의 아날로그 입력 핀(A1)으로 입력 받아 데이터를 처리하는 방법을 배운다.

[그림 6] 완성된 Unit 3

학습 과정에서는 포텐셔미터의 아날로그 입력값(0~1023)을 8단계로 나누어 LED를 제어하는 프로그램을 구현하고, 입력값의 범위를 다음과 같이 나누어 처리한다:

- 0~127: LED 1개 켜짐
- 128~255: LED 2개 켜짐
- 256~383: LED 3개 켜짐
- 384~511: LED 4개 켜짐
- 512~639: LED 5개 켜짐
- 640~767: LED 6개 켜짐
- 768~895: LED 7개 켜짐
- 896~1023: LED 8개 켜짐

이러한 단계적 LED 제어를 통해 아날로그값의 시각화 방법을 학습하며, 이는 다음과 같은 실제 응용이 가능하다:

- 배터리 잔량 표시기
- 음향 레벨 미터
- 온도 경보 시스템
- 모터 속도 표시기
- 조도 레벨 모니터

이를 통해 실생활에서 활용 가능한 다양한 아날로그 센서 기반의 모니터링 시스템을 설계하고 구현하는 능력을 기를 수 있다.

아날로그 입력의 기본 개념

아두이노의 아날로그 입력은 0V에서 5V 사이의 전압을 0~1023의 디지털 값으로 변환한다.

```
0V = 0
5V = 1023
해상도: 10bit (2^10 = 1024단계)
```

```
analogRead(pin); // 아날로그 값 읽기 (0-1023)
```

주요 특징

- 입력 전압 범위 : 0~5V
- 변환 속도 : 약 100마이크로초
- 입력 임피던스 : 100메가옴

1 준비물

1) Unit 3 PCB 보드

2) 부품 목록:

- 포텐셔미터(가변저항) 10kΩ 1개 (RV1)
- LED 8개 (D1~D8)
- 220Ω 저항 8개 (R1~R8)

3) 납땜 도구:

- 인두, 납, 니퍼, 롱노우즈

2 조립 순서

1) 저항 납땜하기

- R1~R8 : 220Ω (적색-적색-갈색)
- R9 : 10kΩ (갈색-검정-주황)

2) 포텐셔미터(가변저항) 납땜하기

- RV1 : 10kΩ 포텐셔미터

3) LED 납땜하기

- LED 극성 확인 (긴 다리가 +극)
- D1부터 D8까지 순서대로 부착

4) 핀헤더 소켓 부착

- 아두이노 핀 배열 확인
- I2C 핀헤더 부착

3 동작 테스트

1) 포텐션미터 값 읽기

2) 포텐션미터 값에 따른 LED 단계별 점등 테스트

3) LCD에 아날로그 값 표시하기

```
#include <LiquidCrystal_I2C.h>

// I2C 주소 0x3F에 LCD 초기화 (16x2 크기)
LiquidCrystal_I2C lcd(0x3F, 16, 2);

const int ledPins[] = {2, 3, 4, 5, 6, 7, 8, 9};
const int numLeds = 8;
const int potPin = A1;
const int buzzerPin = A0;

void setup() {
  lcd.init();
  lcd.backlight();
  lcd.setCursor(0, 0); // 첫 번째 줄 첫 번째 칸으로 커서 이동
  lcd.print("Arduino Friends!");
  lcd.setCursor(0, 1); // 첫 번째 줄 첫 번째 칸으로 커서 이동
  lcd.print("Unit3 Example 01");

  for(int i = 0; i < numLeds; i++) {
    pinMode(ledPins[i], OUTPUT);
  }
```

```
  // Set up buzzer pin as output
  pinMode(buzzerPin, OUTPUT);

  // Initialize serial communication for debugging
  Serial.begin(9600);

}


void loop() { // Read the value from the potentiometer
  int potValue = analogRead(potPin);

  // Map the potentiometer value to a range from 0 to 8
  int ledStep = map(potValue, 0, 1023, 0, 8);

  // Debugging output
  Serial.print("Potentiometer value: ");
  Serial.print(potValue);
  Serial.print(", LED Step: ");
  Serial.println(ledStep);

  // Turn off all LEDs
  for (int i = 0; i < numLeds; i++) {
    digitalWrite(ledPins[i], LOW);
  }

  // Turn on LEDs up to the current step
  for (int i = 0; i < ledStep; i++) {
    digitalWrite(ledPins[i], HIGH);
  }

  // Sound the buzzer based on the step
  if (ledStep > 0) {
    tone(buzzerPin, 1000, 100);
    delay(100 * ledStep);
    noTone(buzzerPin);
  }


  delay(100); // Small delay to avoid rapid changes
}
```

4 Unit 3 회로도

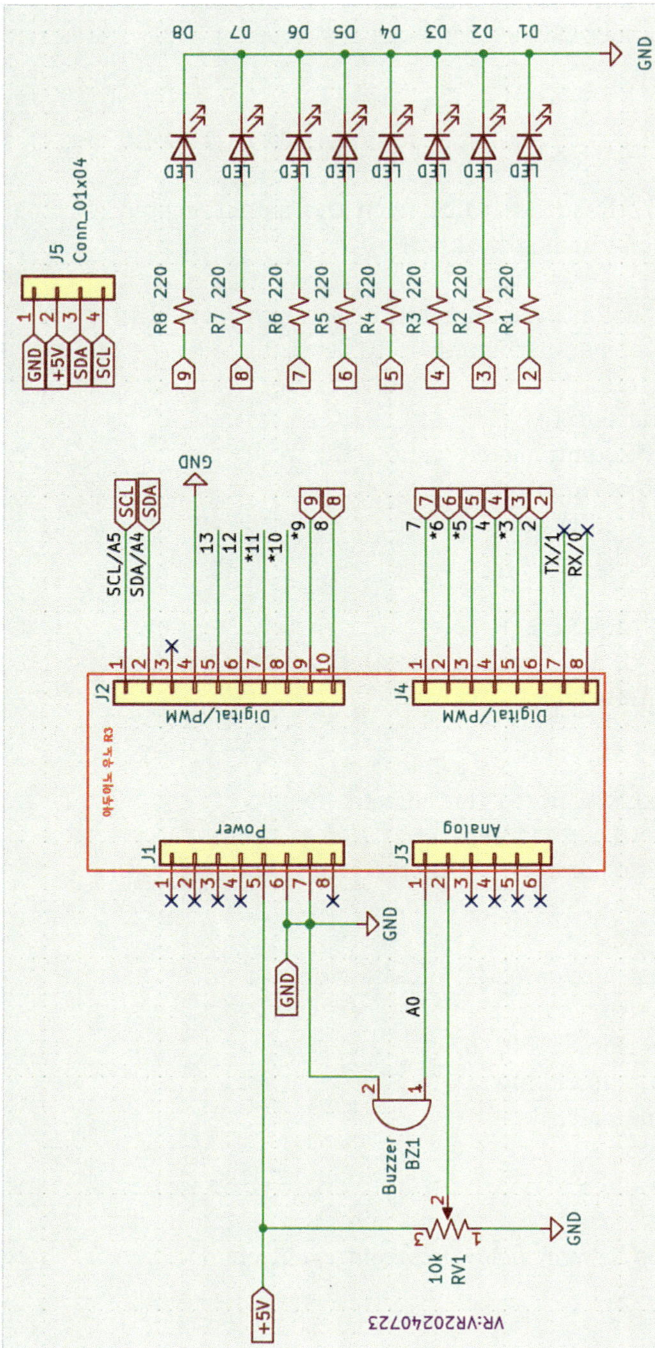

[그림 7] Unit 3의 회로도

읽을 거리

포텐셔미터의 발전과 역사

포텐셔미터는 전기 · 전자 산업의 초기부터 중요한 부품으로 자리잡았습니다. 이 장치의 기원은 1841년 찰스 휘트스톤이 개발한 휘트스톤 브리지 회로에서 시작되었으며, 1920년대 라디오의 대중화와 함께 볼륨 조절용 포텐셔미터가 본격적으로 발전하기 시작했습니다.

기본적으로 포텐셔미터는 저항체와 와이퍼로 구성되어 있으며, 기계적 움직임을 통해 저항값을 조절합니다. 대부분의 포텐셔미터는 270도의 회전 각도를 가지지만, 특수한 용도로는 360도 이상 회전이 가능한 제품도 있습니다. 이 장치는 10,000회 이상의 회전 동작을 보장하는 높은 신뢰성을 자랑합니다.

포텐셔미터는 크게 네 가지 종류로 나눌 수 있습니다. 가장 일반적인 회전형, 직선 운동으로 조절하는 슬라이드형, 정밀 조정용 트림형, 그리고 전자적으로 제어하는 디지털 포텐셔미터입니다. 이중 디지털 포텐셔미터는 마이크로컨트롤러와 함께 사용되어 더욱 정밀한 제어가 가능합니다.

시대별로 보면 포텐셔미터의 발전은 세 단계로 나눌 수 있습니다. 1920~1950년대의 초기에는 주로 라디오와 측정 장비에 사용되었고, 1950~1980년대의 성장기에는 가전제품과 자동차 전자장치로 응용 분야가 확대되었습니다. 1980년대 이후 현대에는 디지털 포텐셔미터가 등장하며 고정밀 센서와 자동화 장비의 핵심 부품으로 자리잡았습니다.

현재 포텐셔미터는 오디오 장비의 볼륨과 톤 조절, 산업 현장의 모터 속도 제어, 계측 장비의 전압 및 전류 조정 등 다양한 분야에서 활용되고 있습니다. 최근에는 IoT 시대를 맞아 원격 제어 기능, 고분해능, 온도 보상 기능 등이 추가되며 더욱 스마트해지고 있습니다.

이처럼 포텐셔미터는 단순하지만 신뢰성 높은 구조로 현대 전자기기의 필수 부품이 되었으며, 앞으로도 기술 발전과 함께 더욱 진화할 것으로 기대됩니다.

Chapter 04 푸시버튼으로 배우는 디지털 입력 1

Chapter 4에서는 UNIT 4를 활용하여 디지털 입력과 출력의 개념을 학습한다. 푸시버튼 스위치를 통해 디지털 입력 신호를 받아들이고, 이를 LED 출력으로 제어하는 방법을 배운다. 이 과정에서 디지털 회로에서 중요한 풀업(Pull-up) 및 풀다운(Pull-down) 저항의 역할과 각각의 장단점을 다룬다. 특히, 풀업 저항은 버튼이 눌리지 않았을 때 입력 신호를 안정적으로 HIGH 상태로 유지하는 방법과, Arduino의 내부 풀업 저항 기능을 활용해 외부 저항 없이 회로를 구성하는 방법을 학습한다. 또한, 풀다운 저항을 사용하여 입력 신호를 LOW 상태로 유지하는 원리와, 이를 활용한 안정적인 입력 신호 처리를 이해한다.

[그림 8] 완성된 Unit 4

Chapter 4에서는 디지털 입력과 출력의 상호작용을 통해 Arduino 디지털 핀의 동작 원리를 배우는 데 중점을 두며, 이를 통해 다양한 전자 프로젝트에 응용할 수 있는 기초 지식을 쌓는다.

디지털 입/출력의 기본 개념

디지털 입력은 버튼과 같은 장치의 상태를 읽어 Arduino가 처리하는 방식이다.

HIGH = 5V = 1 = 버튼 OFF (풀업 저항 사용 시)
LOW = 0V = 0 = 버튼 ON (풀업 저항 사용 시)

```
digitalRead(buttonPin); // 디지털 입력값 읽기
```

풀업/풀다운 저항의 이해

- 풀업 저항 (Pull-up Resistor)
  - 입력 신호를 HIGH 상태로 유지
  - 버튼이 눌리면 GND로 연결되어 LOW 상태
  - 일반적으로 10kΩ 사용, Arduino 내부 풀업 저항(20kΩ) 활용 가능
  - R1~R4 10kΩ 생략하고 내부 풀업저항 활용 가능

- 풀다운 저항 (Pull-down Resistor)
  - 입력 신호를 LOW 상태로 유지
  - 버튼이 눌리면 VCC로 연결되어 HIGH 상태
  - 외부 저항 연결 필요, 노이즈에 더 민감할 수 있음.

	풀업 저항 상태	풀다운 저항 상태
스위치 On	LOW	HIGH
스위치 Off	HIGH	LOW

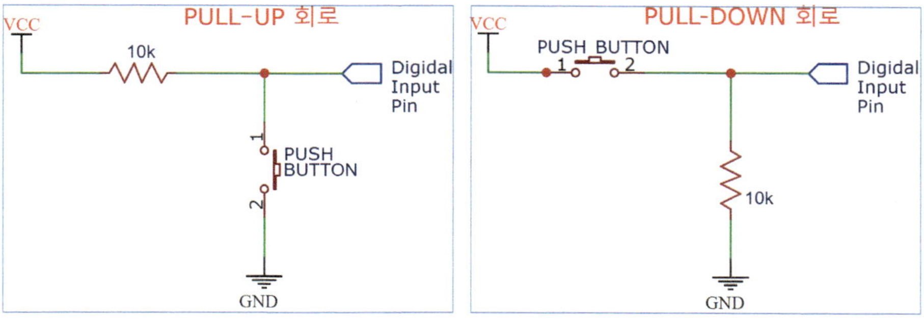

[그림 9] Pull-up, Pull-down 회로

주요 특징

- 입력 전압 범위 : LOW(0~1.5V), HIGH(3~5V)
- 미확정 영역 : 1.5V~3V 사이는 불안정
- 내부 풀업 저항 : 20kΩ (INPUT_PULLUP 모드)
- 외부 풀업/풀다운 저항 : 일반적으로 10kΩ 사용

1 준비물

1) UNIT 4 PCB 보드

2) 부품 목록:

- 푸시버튼 스위치 4개 (SW1~SW4)
- 10kΩ 저항 4개 (R1~R4, 풀업 저항)
- LED 4개 (D1~D4)
- 220Ω 저항 4개 (R5~R8)

3) 납땜 도구:

- 인두, 납, 니퍼, 롱노우즈

2 조립 순서

1) 저항 납땜하기

- R1~R4 : 10kΩ (갈색-검정-주황)
- R5~R8 : 220Ω (적색-적색-갈색)

2) 스위치 납땜하기

- SW1~SW4 푸시버튼
- LED 납땜하기
- LED 극성 확인 (긴 다리가 +극)
- D1부터 D4까지 순서대로 부착

3) 핀헤더 소켓 부착

- 아두이노 핀 배열 확인
- I2C 핀헤더 부착

3 동작 테스트

1) 개별 LED 점등

```
#include <LiquidCrystal_I2C.h>

// I2C 주소 0x3F에 LCD 초기화 (16x2 크기)
LiquidCrystal_I2C lcd(0x3F, 16, 2);

// 핀 번호 정의
const int buttonPins[] = {2, 3, 4, 5};
const int ledPins[] = {6, 7, 8, 9};
const int buzzerPin = A0;
const int numButtons = 4;
```

```
// 음계 주파수 정의 (도, 레, 미, 파)
const int notes[] = {262, 294, 330, 349, 392, 440, 494, 523};

void setup() {
  lcd.init();
  lcd.backlight();
  lcd.setCursor(0, 0); // 첫 번째 줄 첫 번째 칸으로 커서 이동
  lcd.print("Arduino Friends!");
  lcd.setCursor(0, 1); // 첫 번째 줄 첫 번째 칸으로 커서 이동
  lcd.print("Unit4 Example 01");

  // 버튼 핀을 입력으로 설정하고 내부 풀업 저항 활성화
  for (int i = 0; i < numButtons; i++) {
    pinMode(buttonPins[i], INPUT_PULLUP);
  }

  // LED 핀을 출력으로 설정
  for (int i = 0; i < numButtons; i++) {
    pinMode(ledPins[i], OUTPUT);
    digitalWrite(ledPins[i], LOW); // 초기 상태에서 LED를 끔
  }

  pinMode(buzzerPin, OUTPUT);
}

void loop() {

  bool buttonPressed = false;

  for (int i = 0; i < numButtons; i++) {
    if (digitalRead(buttonPins[i]) == LOW) { // 버튼이 눌렸을 때
      tone(buzzerPin, notes[i]); // 해당 음 재생
      digitalWrite(ledPins[i], HIGH); // 해당 LED 켜기
      buttonPressed = true;
    } else {
      digitalWrite(ledPins[i], LOW); // 버튼이 눌리지 않았을 때 LED 끄기
    }
  }

  if (!buttonPressed) {
    noTone(buzzerPin); // 버튼이 눌리지 않았을 때 소리 끄기
  }

}
```

4 Unit 4 회로도

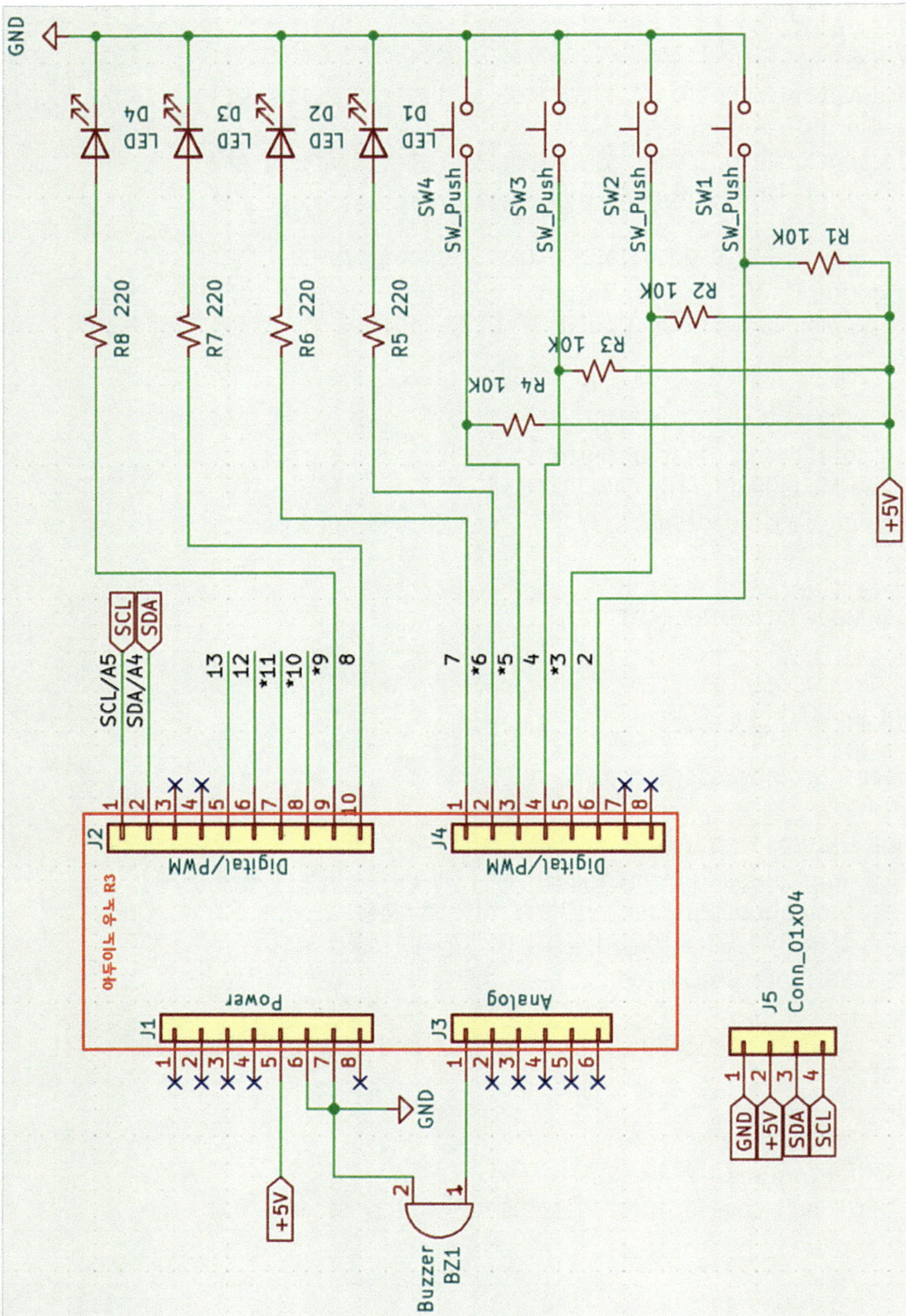

[그림 10] Unit 4의 회로도

읽을거리

푸시버튼 스위치의 역사와 발전

푸시버튼 스위치의 역사는 1800년대 초반 전기의 상용화와 함께 시작되었습니다. 1817년, 영국의 발명가 조셉 헨리가 전기 벨 제어를 위해 최초의 전기식 푸시버튼을 고안했고, 이후 금속 접점 기술의 발전과 함께 다양한 전기 기기에 적용되기 시작했습니다. 1884년, 토머스 에디슨이 전신기용 푸시버튼을 개발하며 현대적 의미의 푸시버튼이 탄생했고, 이를 기점으로 단순한 스위치에서 점차 정교하고 신뢰성 높은 입력 장치로 발전했습니다.

초기의 푸시버튼 스위치는 금속 접점을 활용한 단순한 기계적 구조로 이루어져 있었습니다. 이 시기의 푸시버튼은 전신기와 초인종에 주로 사용되었으며, 전기 신호를 단순히 전달하거나 차단하는 역할을 했습니다. 이러한 초기 기술은 푸시버튼이 직관적이고 손쉬운 제어 도구로 자리 잡는 기초를 마련했습니다.

1900년대 초반부터는 스프링 메커니즘이 도입되면서 푸시버튼의 복원력이 향상되었습니다. 다양한 접점 구조가 개발되었고, 푸시버튼은 가전제품, 라디오, 자동차 대시보드와 같은 생활 전반에 널리 사용되기 시작했습니다. 특히 이 시기에는 푸시버튼의 크기와 형태가 표준화되기 시작하여 사용성과 안정성이 크게 개선되었습니다.

1950년대 이후, 전자식 푸시버튼이 등장하면서 기술은 급격히 발전했습니다. 멤브레인 스위치가 개발되어 얇고 가벼운 설계가 가능해졌으며, 산업 현장에서 높은 내구성과 정밀도가 요구되는 장치에 사용되었습니다. 최근에는 정전식 터치 기술과 광학 센서가 통합되었으며, 햅틱 피드백 기술과 조명 효과, 스마트 센싱 기능이 추가되어 다양한 분야에서 활용되고 있습니다.

푸시버튼 스위치의 기본 구조는 금속 접점 방식입니다. 버튼을 누르면 금속 접점이 연결되어 회로가 닫히는 방식으로, 기본적인 전도성 소재를 사용합니다. 스프링 메커니즘을 통해 버튼이 눌린 후 원래 위치로 복원되며, 금속, 플라스틱, 고무 등 다양한 재료가 사용됩니다.

푸시버튼 스위치는 동작 방식에 따라 세 가지로 구분됩니다. 키보드나 전기 벨에 사용되는 순간 접점형은 버튼을 누르고 있는 동안만 접점이 연결되고, 전원 스위치에 주로 사용되는 자기유지형은 한 번 누르면 접점이 유지되고 다시 누르면 접점이 끊어집니다. 라디오나 조명 스위치에 활용되는 토글형은 버튼을 누를 때마다 ON과 OFF 상태가 전환됩니다.

산업 현장에서는 푸시버튼 스위치가 복잡한 기계의 제어 패널, 안전을 위한 비상 정지 버튼, 생산 라인의 제어 장치 등으로 활용됩니다. 특히 높은 신뢰성과 내구성이 요구되는 환경에서 중요한 역할을 수행하고 있습니다.

가정에서는 텔레비전, 오디오 시스템의 전원 버튼, 리모컨 키패드, 세탁기나 전자레인지의 조작 버튼 등으로 널리 사용됩니다. 일상생활에서 가장 흔하게 접하는 입력 장치로서 직관적인 사용자 경험을 제공하고 있습니다.

현대의 스마트폰과 태블릿에서는 정전식 터치 방식의 푸시버튼이 사용되며, 햅틱 피드백을 통해 촉각적 반응을 제공합니다. 또한 스마트 센싱 기능이 통합되어 사용자의 입력 패턴을 학습하고 최적화된 반응을 제공하고 있습니다.

푸시버튼 스위치 기술은 앞으로 인공지능과 결합하여 더욱 스마트해질 것으로 예상됩니다. 사용자의 행동을 예측하고 학습하는 개인화된 입력 시스템으로 발전할 것이며, 광학식 및 음성 인식 기술과의 융합으로 비접촉식 제어가 가능한 새로운 형태의 푸시버튼이 등장할 것으로 기대됩니다.

이처럼 푸시버튼 스위치는 200년이 넘는 역사 속에서 끊임없이 진화해왔으며, 앞으로도 새로운 기술과의 융합을 통해 더욱 혁신적인 형태로 발전해 나갈 것입니다.

Chapter

05 푸시버튼으로 배우는 디지털 입력 2

Chapter 5에서는 UNIT 5를 활용하여 디지털 입력과 출력의 개념을 학습한다. 푸시버튼 스위치를 통해 디지털 입력 신호를 받아들이고, 이를 소리(부저)로 출력하는 방법을 배운다. 이 과정에서 푸시스위치와 같은 기계적 장치의 채터링 현상과 채터링 현상을 제거하는 디바운스에 대해 다룬다.

[그림 11] 완성된 Unit 5

디지털 입/출력의 기본 개념

디지털 입력은 버튼과 같은 장치의 상태를 읽어 Arduino가 처리하는 방식이다.

HIGH = 5V = 1 = 버튼 OFF (풀업 저항 사용 시)
LOW = 0V = 0 = 버튼 ON (풀업 저항 사용 시)

```
digitalRead(buttonPin); // 디지털 입력값 읽기
```

채터링의 이해

채터링은 기계식 스위치에서 발생하는 현상으로, 스위치를 누르거나 뗄 때 접점이 물리적으로 여러 번 튀어 오르면서 신호가 순간적으로 반복되는 현상이다.

- ON → OFF 또는 OFF → ON 전환 시 발생
- 수 밀리초(ms) 동안 지속
- 원치 않는 다중 입력을 발생시킴

디바운스의 개념

디바운스는 채터링 현상을 제거하는 기술이다.

- 하드웨어적 방법 : 커패시터와 저항을 이용한 필터링
- 소프트웨어적 방법 : 일정 시간 간격으로 신호를 확인하는 지연 처리
- 일반적으로 20~50ms의 지연 시간 사용

주요 특징

- 채터링 현상 : 기계적 스위치의 물리적 진동으로 인한 노이즈
- 디바운스 시간 : 20~50ms의 지연 시간으로 채터링 제거
- 풀업 저항 : 10kΩ으로 안정적인 입력 상태 유지
- 부저 출력 : 디지털 신호를 소리로 변환

1 준비물

1) UNIT 5 PCB 보드

2) 부품 목록:

- 푸시버튼 스위치 8개 (SW1~SW8)
- 10kΩ 저항 8개 (R1~R8, 풀업 저항)
- LED 1개 (D1)
- 220Ω 저항 1개 (R9)
- 부저 1개 (BZ1)

3) 납땜 도구

- 인두, 납, 니퍼, 롱노우즈

2 조립 순서

1) 저항 납땜하기

- R1~R8 : 10kΩ (갈색-검정-주황)
- R9 : 220Ω (적색-적색-갈색)

2) 스위치 납땜하기

- SW1~SW8 푸시버튼

3) LED와 부저 납땜하기

- LED(D1) 극성 확인 (긴 다리가 +극)
- 부저(BZ1) 극성 확인

4) 핀헤더 소켓 부착

- 아두이노 핀 배열 확인
- I2C 핀헤더 부착

3 동작 테스트

1) 디바운싱 적용 전/후 비교

- 디바운싱 전: 시리얼 모니터로 확인

```
const int buttonPins[8] = {9, 8, 7, 6, 5, 4, 3, 2}; // 버튼이 연결된 핀
const int ledPin = A1;  // LED 핀
const int buzzerPin = A0; // 부저 핀

void setup() {
  Serial.begin(9600);

  // 버튼 핀을 입력 모드로 설정 (풀업 저항 사용)
  for (int i = 0; i < 8; i++) {
    pinMode(buttonPins[i], INPUT_PULLUP);
  }

  // LED 및 부저 출력 모드 설정
  pinMode(ledPin, OUTPUT);
  pinMode(buzzerPin, OUTPUT);
}

void loop() {
  for (int i = 0; i < 8; i++) {
    if (digitalRead(buttonPins[i]) == LOW) { // 버튼이 눌리면
      Serial.print("Button ");
      Serial.print(i + 1);
      Serial.println(" Pressed");

      digitalWrite(ledPin, HIGH);  // LED 켜기
      digitalWrite(buzzerPin, HIGH); // 부저 울리기
      delay(100); // 소음 방지 딜레이
    }
  }
```

```
  // 버튼이 떼어지면 LED와 부저를 끄기
  digitalWrite(ledPin, LOW);
  digitalWrite(buzzerPin, LOW);
}
```

• 디바운싱 후: 시리얼 모니터로 확인

```
const int buttonPins[8] = {9, 8, 7, 6, 5, 4, 3, 2}; // 버튼 핀 배열
const int ledPin = A1;    // LED 핀 (A1)
const int buzzerPin = A0; // 부저 핀 (A0)

int lastButtonState[8] = {HIGH, HIGH, HIGH, HIGH, HIGH, HIGH, HIGH,
HIGH}; // 이전 버튼 상태

void setup() {
  Serial.begin(9600);

  // 버튼 핀을 입력 모드로 설정 (풀업 저항 사용)
  for (int i = 0; i < 8; i++) {
    pinMode(buttonPins[i], INPUT_PULLUP);
  }

  // LED 및 부저 출력 모드 설정
  pinMode(ledPin, OUTPUT);
  pinMode(buzzerPin, OUTPUT);
}

void loop() {
  bool anyButtonPressed = false; // 버튼이 눌렸는지 확인하는 변수

  for (int i = 0; i < 8; i++) {
    int reading = digitalRead(buttonPins[i]);

    // 버튼이 눌린 순간만 감지
    if (reading == LOW && lastButtonState[i] == HIGH) {
      delay(50); // 디바운싱을 위한 지연

      // 딜레이 후 다시 확인 (디바운싱)
      if (digitalRead(buttonPins[i]) == LOW) {
        Serial.print("Button ");
        Serial.print(i + 1);
```

```
      Serial.println(" Pressed");
      anyButtonPressed = true; // 버튼이 눌렸다고 표시
    }
  }

  lastButtonState[i] = reading; // 현재 버튼 상태 저장
}

// 버튼이 눌린 경우 LED와 부저를 켜고, 그렇지 않으면 끄기
digitalWrite(ledPin, anyButtonPressed ? HIGH : LOW);
digitalWrite(buzzerPin, anyButtonPressed ? HIGH : LOW);
delay(100);
}
```

2) 디지털 피아노

- 개별 버튼 동작 확인, 버튼-소리 연동 테스트, LED 연동

```
#include <LiquidCrystal_I2C.h>

// I2C 주소 0x3F에 LCD 초기화 (16x2 크기)
LiquidCrystal_I2C lcd(0x3F, 16, 2);

// 핀 번호 정의
const int buttonPins[] = {2, 3, 4, 5, 6, 7, 8, 9};
const int buzzerPin = A0;
const int ledPin = A1;
const int numButtons = 8;

// 음계 주파수 정의 (도, 레, 미, 파, 솔, 라, 시, 도)
const int notes[] = {262, 294, 330, 349, 392, 440, 494, 523};

void setup() {
  lcd.init();
  lcd.backlight();
  lcd.setCursor(0, 0); // 첫 번째 줄 첫 번째 칸으로 커서 이동
  lcd.print("Arduino Friends!");
  lcd.setCursor(0, 1); // 첫 번째 줄 첫 번째 칸으로 커서 이동
  lcd.print("Unit5 Example 01");

  // 버튼 핀을 입력으로 설정하고 내부 풀업 저항 활성화
  for (int i = 0; i < numButtons; i++) {
```

```
    pinMode(buttonPins[i], INPUT_PULLUP);
  }
  pinMode(buzzerPin, OUTPUT);
  pinMode(ledPin, OUTPUT);
  digitalWrite(ledPin, LOW); // 초기 상태에서 LED를 끔
}
void loop() {
  bool buttonPressed = false;

  for (int i = 0; i < numButtons; i++) {
    if (digitalRead(buttonPins[i]) == LOW) { // 버튼이 눌렸을 때
      tone(buzzerPin, notes[i]); // 해당 음 재생
      digitalWrite(ledPin, HIGH); // LED 켜기
      buttonPressed = true;
      break; // 하나의 버튼만 처리
    }
  }

  if (!buttonPressed) {
    noTone(buzzerPin); // 버튼이 눌리지 않았을 때 소리 끄기
    digitalWrite(ledPin, LOW); // LED 끄기
  }
}
```

4 Unit 5 회로도

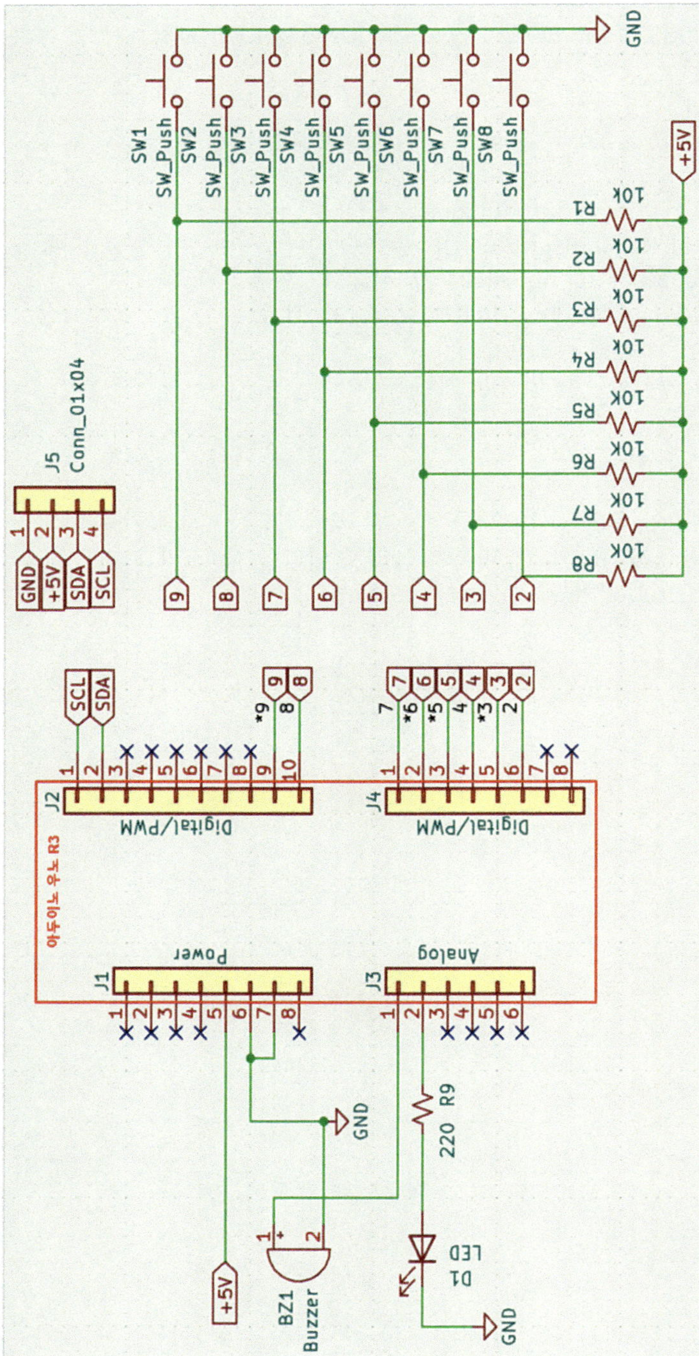

[그림 12] Unit 5의 회로도

읽을 거리

채터링 현상과 디바운스의 이해

채터링 현상은 기계식 스위치의 탄생과 함께 시작된 오래된 기술적 과제입니다. 1930년대 초기 전자기기에서 이미 이 문제가 인식되었으며, 릴레이와 같은 전자기계식 스위치의 사용이 늘어나면서 그 중요성이 더욱 부각 되었었습니다. 특히 산업 현장에서 정확한 스위치 입력이 요구되는 상황이 증가하면서, 채터링 현상의 해결은 중요한 기술적 과제가 되었습니다.

기계식 스위치의 채터링이 발생하는 근본적인 원리는 금속 접점의 물리적 특성에 있습니다. 스위치를 누르거나 뗄 때, 금속 접점은 기계적 탄성에 의해 수 차례 튀어오르며 진동합니다. 이 진동으로 인해 회로가 순간적으로 연결과 단절을 반복하게 되며, 이는 디지털 회로에서 잘못된 신호로 인식될 수 있습니다. 이러한 오동작은 특히 고속으로 동작하는 디지털 시스템에서 심각한 문제를 일으킬 수 있습니다.

초기의 디바운스 해결 방법은 매우 단순했습니다. 1940~1950년대에는 주로 RC 회로를 이용한 하드웨어적 필터링이 사용되었으며, 간단한 커패시터 지연회로나 기계적 댐퍼가 도입되었습니다. 이러한 방식은 구현이 간단하다는 장점이 있었지만, 부품의 노화나 환경 변화에 따라 성능이 달라지는 단점이 있었습니다.

1960~1980년대에 들어서면서 슈미트 트리거 회로가 도입되고 디지털 IC를 이용한 래치 회로가 개발되었습니다. 전자식 필터링 방식의 발전으로 더욱 안정적인 디바운싱이 가능해졌지만, 여전히 하드웨어 비용이 높고 유연성이 부족하다는 문제가 있었습니다.

1990년대 이후에는 마이크로컨트롤러의 보편화와 함께 소프트웨어 디바운싱 기술이 주목받기 시작했습니다. 적응형 필터링 알고리즘과 디지털 신호 처리 기술의 적용으로, 더욱 정교하고 유연한 디바운싱이 가능해졌습니다. 특히 실시간으로 입력 패턴을 분석하고 최적의 디바운스 파라미터를 자동으로 조정하는 지능형 시스템이 등장했습니다.

현대의 디바운싱 기술은 하드웨어와 소프트웨어 방식이 모두 사용됩니다. 하드웨어적 방법으로는 RC 필터 회로, 슈미트 트리거, 전용 IC 등이 있으며, 소프트웨어적 방법으로는 시간 지연, 샘플링, 상태 머신 등이 활용됩니다. 각각의 방식은 고유한 장단점을 가지고 있어, 적용

상황에 따라 적절한 방식을 선택해야 합니다.

디바운싱 기술은 산업 제어, 소비자 전자제품, 자동차 전장 등 다양한 분야에서 활용됩니다. 특히 공장 자동화 장비, 제어 패널 스위치, 안전 장치 버튼 등에서는 높은 신뢰성이 요구되어 더욱 정교한 디바운싱 기술이 적용됩니다. 또한 키보드, 마우스, 게임 컨트롤러와 같은 입력 장치에서도 사용자 경험 향상을 위해 디바운싱이 중요한 역할을 합니다.

최근에는 디바운싱 기술이 더욱 발전하여 머신 러닝을 활용한 패턴 인식, 적응형 필터링, 컨텍스트 기반 처리 등이 새롭게 도입되고 있습니다. 이러한 첨단 기술의 적용으로 더욱 정확하고 신뢰성 있는 입력 처리가 가능해졌으며, 사용자 경험도 크게 향상되었습니다.

채터링과 디바운스 기술은 앞으로도 계속 발전할 것으로 예상됩니다. 특히 IoT 기기의 확산과 함께 더욱 지능적이고 효율적인 디바운싱 기술의 필요성이 증가하고 있으며, 이는 새로운 기술 혁신을 이끌어낼 것으로 기대됩니다.

Chapter

06

디지털 출력의 시각화 1

Chapter 6에서는 UNIT 6를 활용하여 디지털 출력를 시각화 하는 개념을 학습한다. 7 segment 를 사용하여 0~9까지 표현해보면서 디지털 출력을 시각화하는 방법을 배우고 푸시버튼 스위치를 통해 디지털 입력 신호를 받아들이고, 이를 디지털 출력으로 시각화 하는 방법을 배운다.

[그림 13] 완성된 Unit 6

디지털 출력의 시각화는 디지털 신호를 사람이 쉽게 인식할 수 있는 형태로 변환하여 표시하는 과정으로. 7-segment LED는 이러한 시각화의 대표적인 예로, 추상적인 디지털 값을 실제 숫자나 문자로 표현할 수 있게 해준다.

디지털 출력의 시각화 개념

디지털 출력의 시각화는 디지털 신호를 사람이 쉽게 인식할 수 있는 형태로 변환하여 표시하는 과정이다. 컴퓨터나 마이크로컨트롤러가 처리하는 디지털 데이터를 사용자가 직관적으로 이해할 수 있는 형태로 표현하는 것이 주요 목적이다.

시각화 방식

① LED : 가장 기본적인 ON/OFF 표시
② 7-segment : 숫자와 일부 문자 표시
③ Dot Matrix : 문자, 숫자, 단순한 그래픽 표현
④ LCD : 복잡한 문자와 그래픽 표시

7-segment LED의 구조와 원리

1) 기본 구조

7-segment LED는 7개의 LED 세그먼트(선분)와 1개의 소수점(DP)으로 구성된 디스플레이 장치입니다.

- 세그먼트 배치:
  - A: 상단 가로
  - B: 우측 상단 세로
  - C: 우측 하단 세로
  - D: 하단 가로
  - E: 좌측 하단 세로
  - F: 좌측 상단 세로
  - G: 중앙 가로
  - DP: 소수점(Decimal Point)

2) 동작 원리

① Common Anode(공통 양극) 타입

- 모든 LED의 양극(Anode)이 연결
- VCC에 연결
- 각 세그먼트는 LOW(0) 신호로 켜짐
- 세그먼트 핀에 GND 연결 시 점등

② Common Cathode(공통 음극) 타입

- 모든 LED의 음극(Cathode)이 연결
- GND에 연결
- 각 세그먼트는 HIGH(1) 신호로 켜짐
- 세그먼트 핀에 VCC 연결 시 점등

3) 전기적 특성

① 정격

- 순방향 전압: 약 2.0V (적색 LED)
- 순방향 전류: 20mA
- 필요 저항값: 약 330Ω (5V 사용 시)

② 전류 제한

- 각 세그먼트마다 전류제한 저항 필요
- 저항값 = (공급전압 − LED전압) / 전류
- 예: (5V−2V) / 0.02A = 150Ω

4) 표시 가능한 문자

① 숫자 (0~9)

- 각 숫자별 세그먼트 조합
- Binary 코드로 제어

② 문자 (제한적)

- A, b, C, d, E, F 등
- 세그먼트 제약으로 일부 문자만 가능

이러한 구조와 원리를 이해하면 7-segment LED를 통해 효과적인 숫자 디스플레이 시스템을 구현할 수 있다.

1 준비물

1) UNIT 6 PCB 보드

2) 부품 목록:

- 7-segment LED 디스플레이 1개
- 33Ω 저항 8개 (R1~R10)
- 푸시버튼 스위치 2개 (SW1~SW2)
- 10kΩ 저항 2개 (R11~R12)

3) 납땜 도구:

- 인두, 납, 니퍼, 롱노우즈

2 조립 순서

1) 저항 납땜하기

- R3~R10 : 33Ω (주황-주황-검정)
- R1~R2 : 10kΩ (갈색-검정-주황)

2) 스위치 납땜하기

- SW1~SW2 푸시버튼

3) 7-segment LED 납땜하기

- LED 방향 확인 (공통 캐소드 위치)
- 핀 1번 위치 확인

4) 핀헤더 소켓 부착

- 아두이노 핀 배열 확인
- I2C 핀헤더 부착

3 동작 테스트

1) 세그먼트 개별 테스트

- a~g 각 세그먼트 점등 확인
- dp(소수점) 동작 확인

2) 숫자 표시 테스트

- 0~9 숫자 표시 확인(증, 감)

3) 푸시버튼 동작 테스트

- SW1 : 숫자 증가
- SW2 : 숫자 감소

```
#include <LiquidCrystal_I2C.h>

// I2C 주소 0x3F에 LCD 초기화 (16x2 크기)
LiquidCrystal_I2C lcd(0x3F, 16, 2);
int segmentLEDs[] = {2, 3, 4, 5, 6, 7, 8, 9};

// 지정된 LED 개수
int segmentLEDsNum = 8;

// 각 숫자에 대한 LED 설정 값을 정의합니다.
int digitForNum[11][8] = {
  {1, 1, 1, 1, 1, 1, 0, 0}, //0
  {0, 1, 1, 0, 0, 0, 0, 0}, //1
  {1, 1, 0, 1, 1, 0, 1, 0}, //2
  {1, 1, 1, 1, 0, 0, 1, 0}, //3
  {0, 1, 1, 0, 0, 1, 1, 0}, //4
```

```
  {1, 0, 1, 1, 0, 1, 1, 0}, //5
  {1, 0, 1, 1, 1, 1, 1, 0}, //6
  {1, 1, 1, 0, 0, 0, 0, 0}, //7
  {1, 1, 1, 1, 1, 1, 1, 0}, //8
  {1, 1, 1, 1, 0, 1, 1, 0}, //9
  {0, 0, 0, 0, 0, 0, 0, 1}  //Dot
};

void setup() {
  lcd.init();
  lcd.backlight();
  lcd.setCursor(0, 0); // 첫 번째 줄 첫 번째 칸으로 커서 이동
  lcd.print("Arduino Friends!");
  lcd.setCursor(0, 1); // 첫 번째 줄 첫 번째 칸으로 커서 이동
  lcd.print("Unit6 Example 01");

  // 7세그먼트 각각 LED에 연결된 핀을 OUTPUT으로 설정합니다.
  for (int i = 0 ; i < segmentLEDsNum ; i++) {
    pinMode(segmentLEDs[i], OUTPUT);
  }
}

void loop() {
  // 0부터 9까지의 숫자 및 dot를 순서대로 표시합니다.
  for (int i = 0 ; i < 11 ; i++) {
    // 각 숫자에 대한 각각 LED의 로직레벨을 설정합니다.
    for (int j = 0 ; j < segmentLEDsNum ; j++) {
      digitalWrite(segmentLEDs[j], digitForNum[i][j]);
    }
    // 1초 동안 대기합니다.
    delay(1000);
  }
}
```

4 Unit 6 회로도

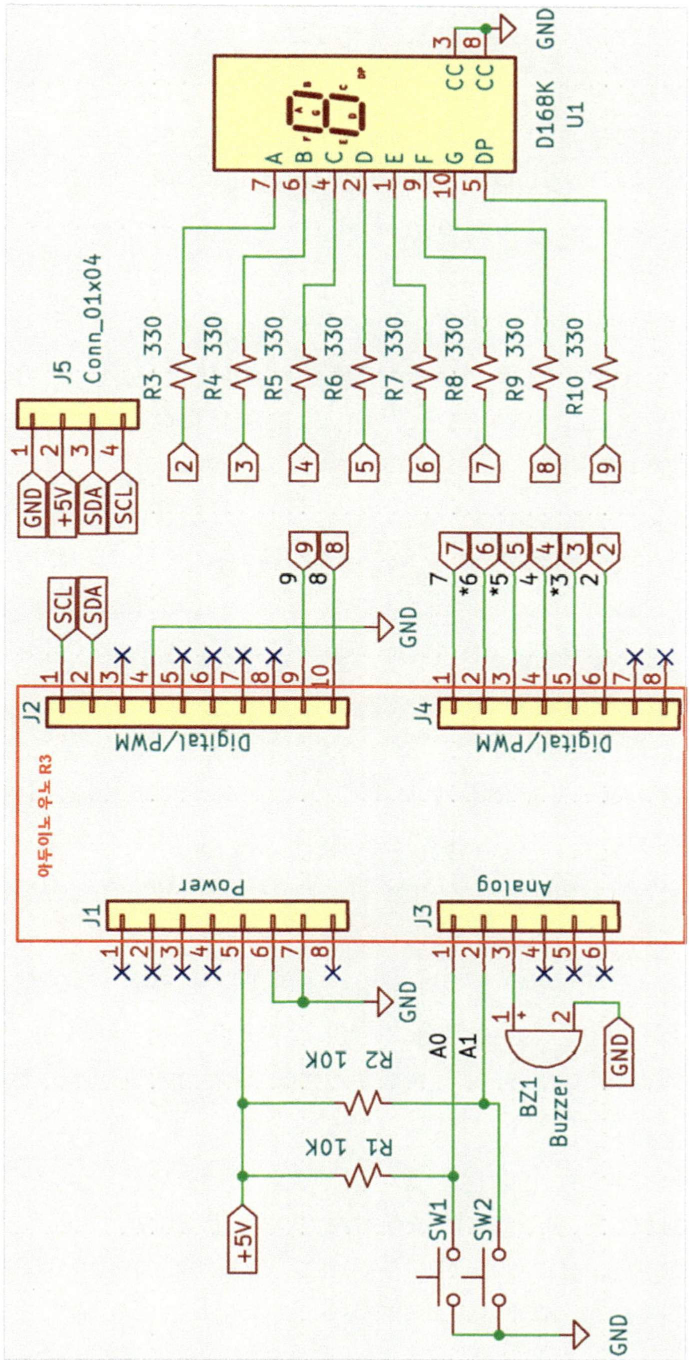

[그림 14] Unit 6의 회로도

읽을 거리

7-segment LED 디스플레이의 역사와 발전

개념적으로 7-segment 디스플레이의 역사는 1908년 Frank Wood가 특허를 받은 전기 숫자 표시장치에서 시작되었습니다. 당시에는 백열전구를 사용했으며, 이는 현대 7-segment 디스플레이의 기본 개념을 제시했습니다. 1910년대에는 가스 방전관을 이용한 디스플레이가 개발되었고, 이는 "Nixie 튜브"의 전신이 되었습니다.

1960년대 초반, LED(발광다이오드)의 발명과 함께 7-segment LED 디스플레이가 등장했습니다. 최초의 상용 LED는 적색만 표시 가능했으며, 매우 고가였습니다. 1970년대에 들어서면서 대량 생산 기술의 발전으로 가격이 크게 낮아졌고, 계산기, 디지털 시계 등 다양한 전자기기에 사용되기 시작했습니다.

7-segment LED의 구동 방식도 발전을 거듭했습니다. 초기에는 각 세그먼트를 개별적으로 제어했지만, BCD(Binary-Coded Decimal)-to-7-segment 디코더의 등장으로 제어가 훨씬 간단해졌습니다. 1970년대 중반에는 CD4511과 같은 전용 IC가 개발되어, 마이크로프로세서와의 인터페이스가 더욱 용이해졌습니다.

1980년대에는 다양한 색상의 LED가 개발되었습니다. 녹색, 황색 그리고 마침내 1990년대에는 청색 LED가 상용화되면서, 7-segment 디스플레이의 응용 범위가 더욱 확대되었습니다. 또한 고휘도 LED의 개발로 옥외에서도 시인성이 좋은 디스플레이가 가능해졌습니다.

현대의 7-segment LED는 다양한 크기와 색상으로 제공되며, 공통 애노드(CA)와 공통 캐소드(CC) 타입으로 구분됩니다. 멀티플렉싱 기술의 발전으로 여러 자릿수를 적은 수의 핀으로 제어할 수 있게 되었으며, 스마트 제어 IC의 등장으로 밝기 조절과 절전 기능도 가능해졌습니다.

최근에는 LCD, OLED 등 새로운 디스플레이 기술이 등장했지만, 7-segment LED는 여전히 그 단순함과 신뢰성으로 인해 산업 장비, 가전제품, 계측기 등에서 널리 사용되고 있습니다. 특히 고온, 저온, 강한 빛 아래에서도 안정적으로 동작하는 특성 때문에 특수한 환경에서 자주 활용됩니다.

7-segment LED의 최신 발전 동향은 크게 세 가지 방향으로 진행되고 있습니다. 첫째, 에너지 효율성 향상입니다. 최신 LED 제조 기술과 지능형 전류 제어 방식의 도입으로, 전력 소비를 크게 줄이면서도 더 높은 휘도를 얻을 수 있게 되었습니다. 특히 태양광 전원이나 배터리 작동 기기에서 이러한 저전력 특성은 매우 중요한 장점이 되고 있습니다.

둘째, 스마트 제어 기능의 통합입니다. 최신 7-segment 모듈은 마이크로컨트롤러와 직접 통신이 가능한 직렬 인터페이스를 내장하고 있으며, 자동 휘도 조절, 디스플레이 효과, 절전 모드 등 다양한 기능을 제공합니다. 이는 기존의 단순한 숫자 표시 기능을 넘어, 보다 인터랙티브한 사용자 경험을 가능하게 합니다.

셋째, 환경 친화적 제조 공정의 도입입니다. 유해 물질 사용을 줄이고 재활용이 용이한 소재를 사용하는 등, 제품의 전체 수명 주기에서 환경 영향을 최소화하는 노력이 진행되고 있습니다. 이는 글로벌 환경 규제 강화에 대응하면서도 제품의 경쟁력을 높이는 중요한 요소가 되고 있습니다.

미래에는 IoT(사물인터넷) 기술과의 결합이 더욱 가속화될 것으로 예상됩니다. 네트워크 연결성을 갖춘 스마트 디스플레이 모듈은 원격 모니터링과 제어를 가능하게 하며, 빅데이터 분석과 연계된 정보 표시 시스템의 일부로 활용될 것입니다. 또한 플렉서블 LED 기술의 발전으로, 곡면에 적용 가능한 유연한 7-segment 디스플레이도 등장할 것으로 기대됩니다.

이처럼 7-segment LED 디스플레이는 60년이 넘는 역사 동안 꾸준히 발전해왔으며, 새로운 기술과의 융합을 통해 계속해서 진화하고 있습니다. 단순하면서도 신뢰성 높은 이 디스플레이 방식은 앞으로도 특정 응용 분야에서 중요한 역할을 담당할 것으로 전망됩니다.

Buzzer
LED 1

Chapter

07 디지털 출력의 시각화 2

Chapter 7에서는 UNIT 7을 활용하여 FND(Flexible Numeric Display) 멀티플렉싱 방식의 디지털 출력 시각화를 학습한다. 4자리 FND를 사용하여 0000~9999까지 표현해보면서 멀티플렉싱 방식의 디스플레이 제어 방법을 배우고, 푸시버튼 스위치를 통한 카운터 기능도 구현해본다. 또한 옵션으로 DHT11 온습도센서에서 온도와 습도를 입력 받아 4자리 FND에 표시하는 기능도 구현할 수 있다.

[그림 15] 완성된 Unit 7

디지털 출력의 시각화 심화

4자리 FND는 여러 개의 7-segment LED를 시분할 방식으로 제어하는 멀티플렉싱 기법을 사용한다.

- KYX-3461AS : 4자리 Common Cathode FND
- 트랜지스터(2N2222)로 자릿수 선택
- 1kΩ 저항으로 전류 제한
- 220Ω 풀다운 저항 사용
- DHT11 센서로 온습도 측정 (옵션)

주요 특징

- 4자리 숫자 표시
- 동적 구동(Dynamic Driving) 방식
- 자릿수 선택 신호(Digit Select)
- 세그먼트 데이터 신호(Segment Data)
- 온도(-40~80°C) 및 습도(0~100%) 표시 가능

1 준비물

1) UNIT 7 PCB 보드

2) 부품 목록:

- 4자리 FND(KYX-3461AS) 1개 (U1)
- 온습도 센서(DHT11) 1개 (U2)
- 트랜지스터(2N2222) 4개 (Q1~Q4)
- 1kΩ 저항 5 (R1~R4, R10)
- 220Ω 저항 4개 (R5~R8)
- 10kΩ 저항 2 (R9~R10
- 푸시버튼 스위치 2개 (SW1~SW2)
- 부저 1개 (BZ1)

3) 납땜 도구:

- 인두, 납, 니퍼, 롱노우즈

2 조립 순서

1) 저항 납땜하기

- R1~R4 : 1kΩ (갈색-검정-적색)
- R5~R8 : 220Ω (적색-적색-갈색)
- R9~R11 : 10kΩ (갈색-검정-주황)

2) 트랜지스터 납땜하기

- Q1~Q4 : 2N2222
- 방향 주의(ECB 핀 배열)

3) FND 디스플레이 납땜하기

- U1 : KYX-3461AS
- 핀 1번 위치 확인

4) 기타 부품 납땜

- 푸시버튼 스위치(SW1, SW2)
- 부저(BZ1)
- DHT11 센서(U2)

5) 핀헤더 소켓 부착

3 동작 테스트

1) 자릿수 선택 테스트

- 각 자릿수(Q1~Q4) 트랜지스터 동작 확인
- 개별 자릿수 선택 신호 확인

2) 세그먼트 테스트

- 각 세그먼트 점등 확인
- 자릿수별 숫자 표시 확인

3) 멀티플렉싱 동작 테스트

- 전체 자릿수 순차 표시
- 깜빡임 없는 동적 구동 확인

4) 통합 기능 테스트

- 푸시버튼으로 값 변경
- DHT11 센서 값 표시
- 부저 동작 확인

```
#include <LiquidCrystal_I2C.h>

// I2C 주소 0x3F에 LCD 초기화 (16x2 크기)
LiquidCrystal_I2C lcd(0x3F, 16, 2);

const int segmentPins[8] = {2, 3, 4, 5, 6, 7, 8, 9}; // A-G 및 DP 세그먼트 핀
const int digitPins[4] = {13, 12, 11, 10}; // 4자리의 디지털 핀 (1~4)

const byte numbers[10][8] = {
  {HIGH, HIGH, HIGH, HIGH, HIGH, HIGH, LOW, LOW}, // 0
  {LOW, HIGH, HIGH, LOW, LOW, LOW, LOW, LOW}, // 1
  {HIGH, HIGH, LOW, HIGH, HIGH, LOW, HIGH, LOW}, // 2
  {HIGH, HIGH, HIGH, HIGH, LOW, LOW, HIGH, LOW}, // 3
  {LOW, HIGH, HIGH, LOW, LOW, HIGH, HIGH, LOW}, // 4
  {HIGH, LOW, HIGH, HIGH, LOW, HIGH, HIGH, LOW}, // 5
```

```
  {HIGH, LOW, HIGH, HIGH, HIGH, HIGH, HIGH, LOW},  // 6
  {HIGH, HIGH, HIGH, LOW, LOW, LOW, LOW, LOW},  // 7
  {HIGH, HIGH, HIGH, HIGH, HIGH, HIGH, HIGH, LOW},  // 8
  {HIGH, HIGH, HIGH, HIGH, LOW, HIGH, HIGH, LOW}  // 9
};

void setup() {
  // 세그먼트 핀을 출력으로 설정
  for (int i = 0; i < 8; i++) {
    pinMode(segmentPins[i], OUTPUT);
  }

  // 자리 핀을 출력으로 설정
  for (int i = 0; i < 4; i++) {
    pinMode(digitPins[i], OUTPUT);
  }

  lcd.init();
  lcd.backlight();
  lcd.setCursor(0, 0); // 첫 번째 줄 첫 번째 칸으로 커서 이동
  lcd.print("Arduino Friends!");
  lcd.setCursor(0, 1); // 첫 번째 줄 첫 번째 칸으로 커서 이동
  lcd.print("Unit 7 Example 1");
}

void loop() {
  // 0부터 9까지 숫자를 표시
  for (int num = 0; num <= 9; num++) {
    // 모든 자리에 동일한 숫자 표시
    for (int i = 0; i < 50; i++) {  // 전체적으로 50번 반복하여 눈에 계속 숫자가
보이도록 함
      for (int digit = 0; digit < 4; digit++) {
        displayDigit(num, digit);
      }
    }
  }
}

// 특정 자리(digit)에 숫자(number)를 표시하는 함수
void displayDigit(int number, int digit) {
  // 모든 자리 끄기
  for (int i = 0; i < 4; i++) {
    digitalWrite(digitPins[i], LOW);
```

```
  }
  // 해당 숫자에 맞는 세그먼트 설정
  for (int i = 0; i < 8; i++) {
    digitalWrite(segmentPins[i], numbers[number][i]);
  }

  // 선택된 자리 켜기
  digitalWrite(digitPins[digit], HIGH);

  // 짧은 지연으로 빠르게 전환
  delay(2);
}
```

4 Unit 7 회로도

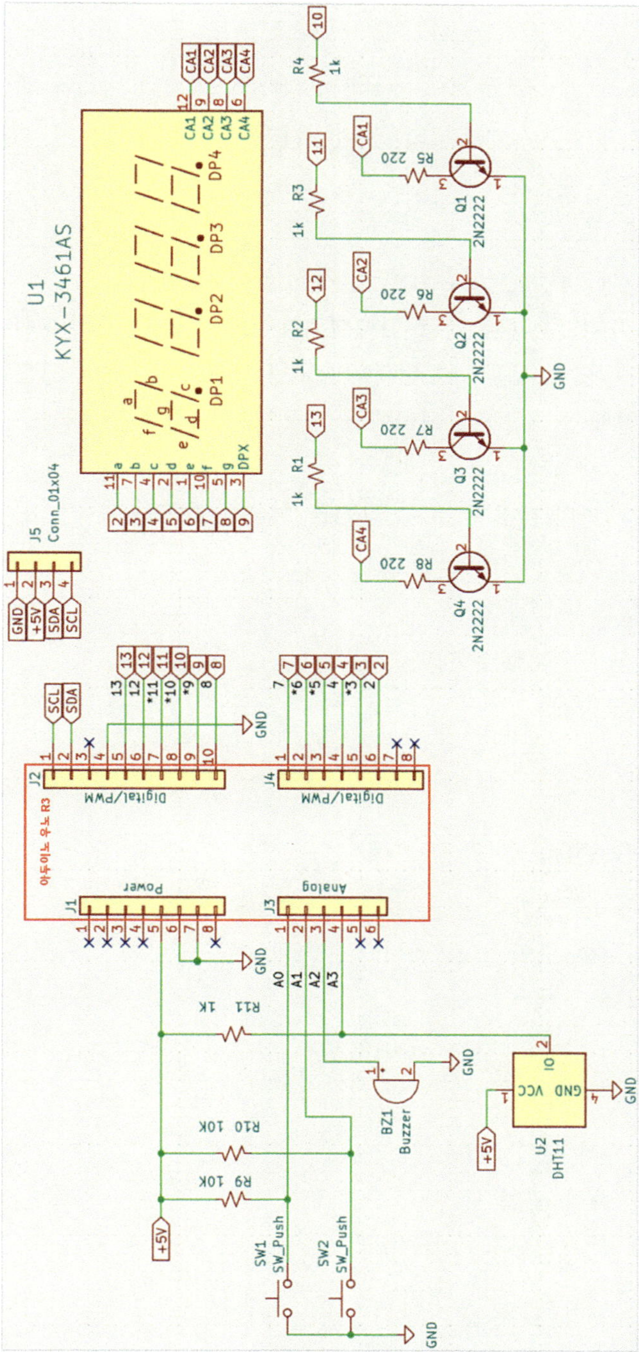

[그림 16] Unit 7의 회로도

읽을거리

FND 멀티플렉싱과 동적 구동 방식

멀티플렉싱(Multiplexing) 디스플레이 방식은 1970년대 디지털 시계와 계산기의 등장과 함께 발전했습니다. 여러 개의 7-segment LED를 적은 수의 핀으로 제어할 수 있는 효율적인 방법으로 자리잡았습니다.

동적 구동 방식의 기본 원리는 사람의 눈이 가지는 잔상 효과를 이용합니다. 1초에 수십 번 이상 LED를 켜고 끄면, 우리 눈에는 연속적으로 켜져 있는 것처럼 보이는 현상을 활용한 것입니다. 이러한 원리는 1950년대부터 TV와 모니터에서 사용되던 기술이었으나, 1970년대 디지털 기기의 발전과 함께 FND 제어에도 적용되기 시작했습니다.

멀티플렉싱 디스플레이의 주요 기술적 발전은 다음과 같습니다:

1. 초기(1970년대)

- 개별 트랜지스터로 자릿수 선택
- 단순한 시분할 방식
- 깜빡임 현상 발생

2. 발전기(1980~90년대)

- 전용 드라이버 IC 개발
- 고속 스위칭 기술 도입
- 밝기 제어 기능 추가

3. 현대화(2000년대 이후)

- 마이크로컨트롤러 통합 제어
- PWM을 통한 밝기 조절
- 저전력 설계 기술 적용

현재 멀티플렉싱 기술은 대형 전광판에서부터 소형 가전제품까지 다양한 분야에서 활용되고 있으며, 특히 IoT 기기의 발전과 함께 더욱 스마트한 제어 방식으로 진화하고 있습니다. 저전력, 고효율의 특성으로 인해 배터리 구동 기기에서도 널리 사용되고 있습니다. 이러한 FND 멀티플렉싱 기술은 단순하면서도 효율적인 디스플레이 방식으로, 앞으로도 특정 응용 분야에서 계속해서 사용될 것으로 예상됩니다.

Chapter 08

디지털 출력의 시각화 3

Chapter 8에서는 UNIT 8을 활용하여 도트 매트릭스(Dot Matrix) LED를 통한 디지털 출력의 시각화를 학습한다. 8x8 도트 매트릭스를 사용하여 문자, 숫자, 기호 등을 표현해보면서 LED 매트릭스 제어 방법을 배우고, 푸시버튼 스위치를 통해 다양한 패턴을 표시하는 방법을 학습한다.

[그림 17] 완성된 Unit 8

디지털 출력의 시각화 심화

8x8 도트 매트릭스는 64개의 LED를 행(ROW)과 열(COLUMN) 방식으로 제어하는 멀티플렉싱 기법을 사용한다.

- 1588BS : 8x8 도트 매트릭스
- 220Ω 저항으로 전류 제한
- 행(ROW)과 열(COLUMN) 선택 방식
- 아날로그 입력 핀으로 제어

주요 특징

- 8x8 매트릭스 LED 표시
- 동적 구동 방식
- 행/열 선택 신호
- 패턴 데이터 표시
- 멀티플렉싱 제어

1 준비물

1) UNIT 8 PCB 보드

2) 부품 목록:

- 8x8 도트 매트릭스(1588BS) 1개
- 220Ω 저항 8개 (R1~R8)
- 10kΩ 저항 1개 (R9)
- 푸시버튼 스위치 1개 (SW1)
- 부저 1개 (BZ1)

3) 납땜 도구:

- 인두, 납, 니퍼, 롱노우즈

2 조립 순서

1) 저항 납땜하기

- R1~R8 : 220Ω (적색-적색-갈색)
- R9 : 10kΩ (갈색-검정-주황)

2) 도트 매트릭스 LED 납땜하기

- 1588BS 방향 확인
- 핀 1번 위치 확인

3) 기타 부품 납땜

- 푸시버튼 스위치(SW1)
- 부저(BZ1)

4) 핀헤더 소켓 부착

3 동작 테스트

1) LED 매트릭스 테스트

- 개별 LED 점등 확인
- 행/열 선택 동작 확인

2) 패턴 표시 테스트

- 기본 문자 표시
- 숫자 패턴 표시

3) 애니메이션 테스트

- 패턴 이동
- 점멸 효과

4) 버튼 연동 테스트

- 패턴 변경
- 부저 동작

```
// 컬럼 핀 배열
const int colPins[8] = {9, 3, 2, 12, A1, 11, 7, 6};
// 로우 핀 배열
const int rowPins[8] = {13, 8, A3, 10, 5, A2, 4, A0};

void setup() {
  // 컬럼 핀 출력 설정
  for (int i = 0; i < 8; i++) {
    pinMode(colPins[i], OUTPUT);
    digitalWrite(colPins[i], LOW);          // 컬럼 핀 기본값 LOW
  }

  // 로우 핀 출력 설정
  for (int i = 0; i < 8; i++) {
    pinMode(rowPins[i], OUTPUT);
    digitalWrite(rowPins[i], LOW);          // 로우 핀 기본값 LOW
  }

}


void loop() {
  // 상하 반복
  for (int i = 0; i < 8; i++) {
    clearDisplay1(); // 디스플레이 초기화
    digitalWrite(rowPins[i], HIGH);
    delay(1000); // 0.1초 대기
  }
  // 좌우 반복
  for (int i = 0; i < 8; i++) {
    clearDisplay2(); // 디스플레이 초기화
    digitalWrite(colPins[i], LOW);
    delay(1000); // 0.1초 대기
  }
}
```

```
// 디스플레이 초기화 함수
void clearDisplay1() {
  for (int i = 0; i < 8; i++) {
    digitalWrite(colPins[i], LOW);  // 모든 컬럼 끄기
    digitalWrite(rowPins[i], LOW);   // 모든 로우 끄기
  }
}

// 디스플레이 초기화 함수
void clearDisplay2() {
  for (int i = 0; i < 8; i++) {
    digitalWrite(colPins[i], HIGH);  // 모든 컬럼 끄기
    digitalWrite(rowPins[i], HIGH);   // 모든 로우 끄기
  }
}
```

4 Unit 8 회로도

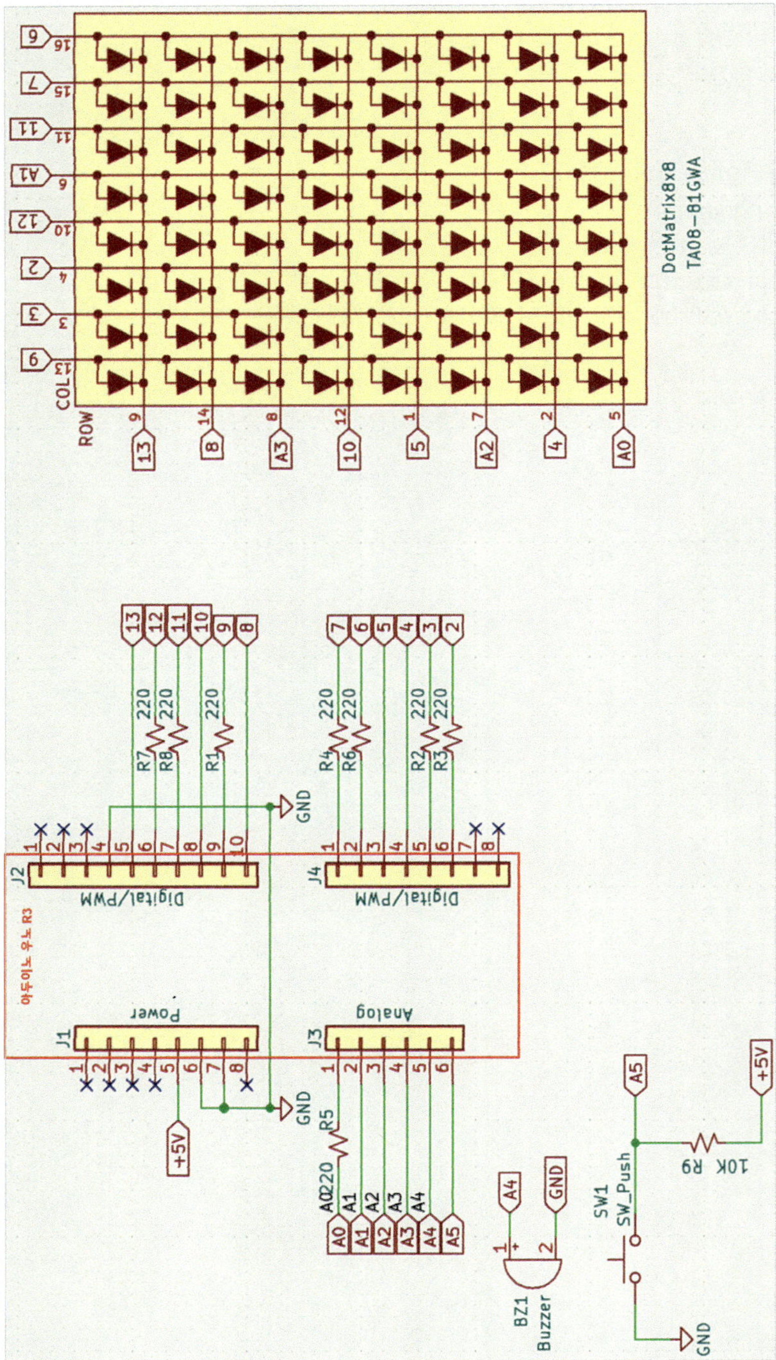

[그림 18] Unit 8의 회로도

읽을거리 도트 매트릭스 디스플레이의 역사와 발전

도트 매트릭스 디스플레이의 역사는 1960년대 초반 LED 기술의 발전과 함께 시작되었습니다. 최초의 도트 매트릭스는 단순한 5x7 매트릭스로, 기본적인 문자와 숫자를 표시하는 용도로 개발되었습니다. 이 시기의 디스플레이는 높은 제작 비용과 전력 소비로 인해 제한적으로만 사용되었습니다.

1970년대에 들어서면서 LED 제조 기술의 발전으로 더 큰 크기의 매트릭스 제작이 가능해졌고, 8x8, 16x16 등 다양한 해상도의 제품이 등장했습니다. 특히 멀티플렉싱 구동 방식의 도입으로 적은 수의 제어 핀으로도 많은 LED를 제어할 수 있게 되었습니다.

1980년대는 도트 매트릭스 디스플레이의 대중화 시기였습니다. 공공 장소의 전광판, 광고판, 교통 정보 표시기 등에 널리 사용되기 시작했으며, 컴퓨터 주변기기의 상태 표시 장치로도 활용되었습니다. 이 시기에는 다양한 색상의 LED가 개발되어 컬러 디스플레이도 가능해졌습니다.

1990년대에는 마이크로컨트롤러의 발전으로 더욱 정교한 제어가 가능해졌습니다. PWM 기술을 이용한 밝기 조절, 다양한 애니메이션 효과 구현, 실시간 데이터 표시 등이 구현되었습니다. 또한 대형 전광판에서는 여러 개의 모듈을 조합하여 대규모 디스플레이를 구성하는 기술이 발전했습니다.

2000년대 이후에는 고휘도 LED의 개발로 옥외에서도 선명한 표시가 가능해졌으며, RGB LED를 이용한 풀컬러 디스플레이가 보편화되었습니다. IoT 기술의 발전과 함께 네트워크 연결성을 갖춘 스마트 디스플레이로 진화하고 있으며, 에너지 효율성도 크게 향상되었습니다.

최근에는 유연한 PCB 기술과 미니 LED 기술의 발전으로 곡면 디스플레이나 초소형 디스플레이의 구현도 가능해졌습니다. 특히 산업용 장비, 가전제품, 웨어러블 기기 등에서 정보 표시용 디스플레이로 널리 사용되고 있습니다.

도트 매트릭스 디스플레이는 단순한 구조에도 불구하고 높은 시인성과 다양한 표현력으로 인해 여전히 많은 분야에서 활용되고 있습니다. LCD나 OLED 같은 새로운 디스플레이 기술이 등장했지만, 특정 응용 분야에서는 도트 매트릭스만의 장점을 살려 계속해서 사용되고 있으며, 앞으로도 발전된 형태로 진화할 것으로 예상됩니다.

Chapter 09

아날로그 센서 1

Chapter 9에서는 UNIT 9를 활용하여 다양한 아날로그 센서를 학습한다. 포텐션미터, 조도센서(CDS)와 함께 새로운 정전식 터치 센서를 사용하여 아날로그 입력의 활용법을 배우고, 이를 LCD로 정보를 표시하고 LED와 부저를 통해 시각화하고 청각화하는 방법을 학습한다.

[그림 19] 완성된 Unit 9

아날로그 센서의 기본 개념

아날로그 센서는 연속적으로 변하는 물리량을 전기 신호로 변환하는 장치이다.

- VR : 회전에 따른 저항 변화
- CDS : 빛의 세기에 따른 저항 변화
- 정전식 터치 : 정전용량 변화 감지
- 아날로그 값을 0~1023으로 변환

주요 특징

- 3가지 아날로그 입력 센서 활용
- 4개의 LED로 값 시각화
- 부저로 경보음 출력
- 디지털 출력과 연동

1 준비물

1) UNIT 9 PCB 보드

2) 부품 목록:

- 포텐션미터(VR1) 1개
- 조도센서(NSL-5162) 1개
- 정전식 터치센서 2개 (Cap1, Cap2)
- LED 4개 (D1~D4)
- 220Ω 저항 4개 (R1~R4)
- 10kΩ 저항 3개 (R5~R7)
- 부저 1개 (BZ1)

3) 납땜 도구:

- 인두, 납, 니퍼, 롱노우즈

2 조립 순서

1) 저항 납땜하기

- R1~R4: 220Ω (적색-적색-갈색)
- R5~R7: 10kΩ (갈색-검정-주황)

2) 센서부 납땜하기

- VR1: 포텐셔미터
- NSL-5162: 조도센서
- Cap1, Cap2: 정전식 터치패드

3) LED 납땜하기

- D1~D4 LED (극성 주의)

4) 부저 납땜하기

- BZ1 (극성 주의)

5) 핀헤더 소켓 부착

- 아두이노 핀 배열 확인
- I2C 핀헤더 부착

3 동작 테스트

1) 센서 입력 테스트

- 포텐셔미터 값 읽기, LCD 표시
- 조도센서 값 읽기, LCD 표시
- 터치센서 확인

2) LED 출력 테스트

- 센서값에 따른 LED 점등
- 단계별 시각화 확인

3) 부저 출력 테스트

- 센서값에 따른 경보음
- 터치 감지음

```
#define THRES 200
#define SAMPLES 20

#define SERIAL_DEBUG

#define LED1 2
#define LED2 3
#define LED3 4
#define LED4 5
#define BUZZER 12

typedef struct touchPad{
  int pin;
  int unpValue;
  int value;
  char state=0, prevState=0;
  char toggleState=0;
};

touchPad touchPad1, touchPad2;

void setup() {
  //Serial.begin(9600);

  pinMode(A0, INPUT_PULLUP);
  analogRead(A0);

  pinMode(LED1, OUTPUT);
  digitalWrite(LED1, 0);
  pinMode(LED2, OUTPUT);
  digitalWrite(LED2, 0);
```

```
  pinMode(LED3, OUTPUT);
  digitalWrite(LED3, 0);
  pinMode(LED4, OUTPUT);
  digitalWrite(LED4, 0);

  pinMode(BUZZER, OUTPUT);
  digitalWrite(BUZZER, 0);

  touchPadInit(&touchPad1, A2);
  touchPadInit(&touchPad2, A3);

#ifdef SERIAL_DEBUG
  Serial.begin(9600);
#endif
}

void touchPadInit(touchPad *pad, int pin){
  pad->pin = pin;
  pad->value = 0;
  pad->unpValue = (sampleB(pin) - sampleA(pin));
  DIDR0 |= 1;
  DIDR0 |= 1 << (pin - A0);
}

int sampleA(int sensePin){
  ADMUX = 0b01000000;
  pinMode(sensePin, OUTPUT);
  digitalWrite(sensePin, 0);

  pinMode(sensePin, INPUT);
  ADMUX = 0b01000000 | (sensePin - A0);

  ADCSRA |= 1 << ADSC;
  while((ADCSRA & (1 << ADSC)) != 0);

  return ADC;
}

int sampleB(int sensePin){
  ADMUX = 0b01001111;
  pinMode(sensePin, INPUT_PULLUP);

  pinMode(sensePin, INPUT);
  ADMUX = 0b01000000 | (sensePin - A0);
```

```
  ADCSRA |= 1 << ADSC;
  while((ADCSRA & (1 << ADSC)) != 0);

  return ADC;
}

void touchPadScan(touchPad *pad){
  static float A, B;

  A = 0;
  B = 0;

  for(int i = 0; i < SAMPLES; i++){
    A += sampleA(pad->pin);
    B += sampleB(pad->pin);
  }

  A /= SAMPLES;
  B /= SAMPLES;

  pad->value = (B - A);

  if(pad->value > (pad->unpValue + THRES))
    pad->state = 1;
  else{
    pad->state = 0;
    pad->unpValue = ((float)pad->unpValue * 0.9) + ((float)pad->value * 0.1);
  }

  if(pad->state == 1 && pad->prevState == 0) {
    pad->toggleState = !pad->toggleState;
    buzz(); // 부저 울림
  }
  pad->prevState = pad->state;
}

void buzz() {
  digitalWrite(BUZZER, HIGH);
  delay(100); // 100ms 동안 부저 울림
  digitalWrite(BUZZER, LOW);
}
```

4 Unit 9 회로도

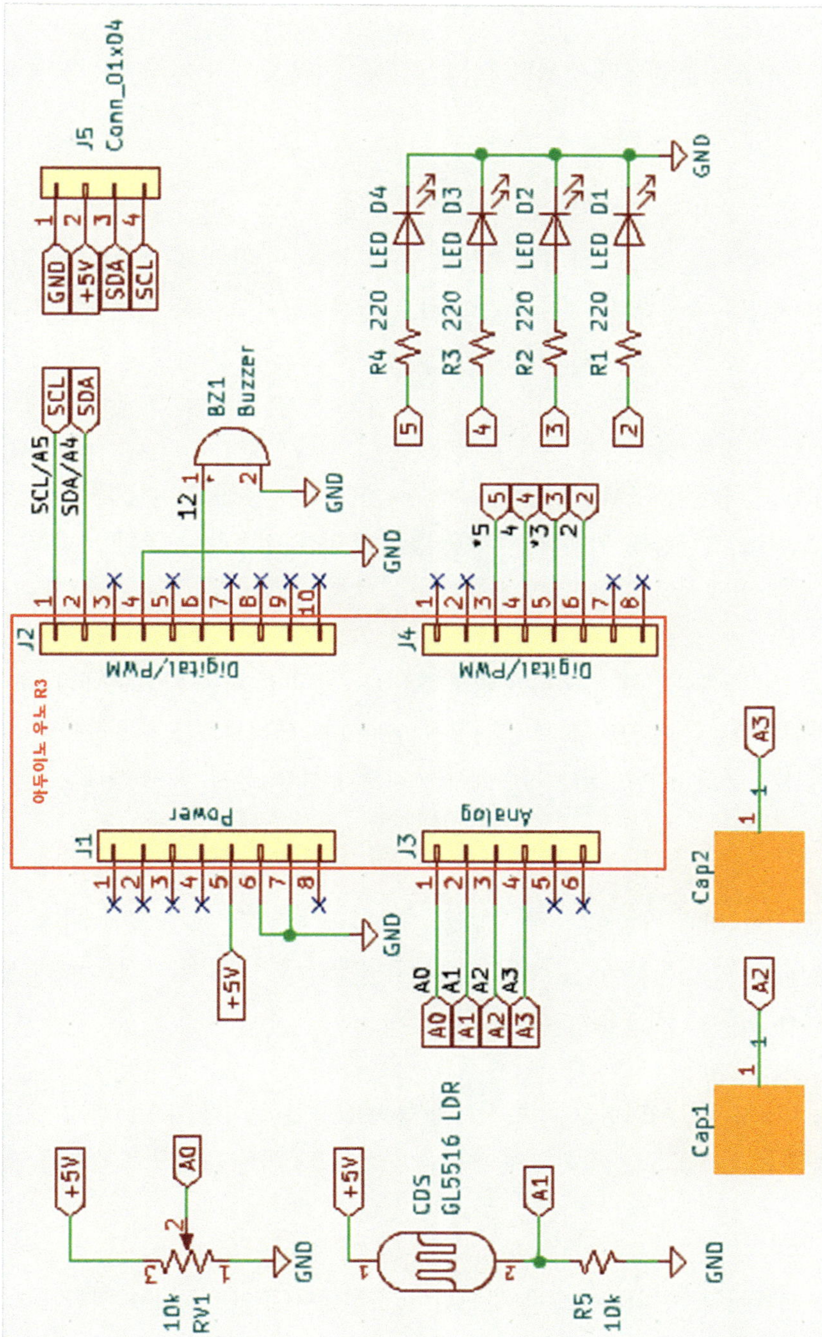

[그림 20] Unit 9의 회로도

읽을거리 아두이노에서 정전용량 센서의 소프트웨어적 구현

아두이노에서 정전용량 센서의 소프트웨어적 구현은 여러 단계의 처리 과정을 통해 이루어집니다.

먼저 기본적인 충방전 구현에서는 디지털 핀을 출력 모드로 설정하고 HIGH 상태로 만들어 커패시터를 충전합니다. 그 후 핀을 입력 모드로 전환하여 방전이 일어나는 동안 LOW 상태가 될 때까지의 시간을 측정합니다. 이 시간이 바로 정전용량의 크기를 나타내는 기본 데이터가 됩니다.

보정과 필터링 과정에서는 먼저 초기 보정을 수행합니다. 센서가 처음 시작될 때 일정 시간 동안 측정값들의 평균을 구해 기준값으로 설정하고, 이를 통해 주변 환경에 맞는 기준점을 잡습니다. 노이즈 필터링을 위해서는 이동 평균 필터를 적용하여 급격한 변화나 이상치를 제거하고, 보다 안정적인 값을 얻습니다.

터치 감지 알고리즘에서는 먼저 적절한 임계값을 설정합니다. 이는 기준값 대비 얼마나 변화가 있을 때 터치로 인식할 것인지를 결정합니다. 이때 히스테리시스를 적용하여 터치의 시작과 해제를 명확하게 구분합니다. 상태 판단에서는 터치의 시작, 유지, 해제 상태를 각각 감지하고 관리합니다.

더 정확한 감지를 위해 다중 샘플링 기법을 사용합니다. 짧은 시간 동안 여러 번 측정하여 평균을 내거나, 가장 신뢰할 수 있는 값을 선택합니다. 또한 적응형 보정을 통해 환경 변화에 따라 임계값과 감도를 자동으로 조절합니다.

마지막으로 디버깅과 모니터링을 위해 시리얼 통신을 통한 실시간 데이터 확인이 필요합니다. 센서값의 변화를 그래프로 시각화하여 패턴을 분석하고, 이를 바탕으로 성능을 최적화할 수 있습니다.

이러한 소프트웨어적 처리는 단순한 하드웨어 구성에서도 안정적이고 정확한 터치 감지를 가능하게 만듭니다. 특히 환경 변화나 노이즈에 대한 대응력을 높여주어, 실제 사용 환경에서 더 신뢰성 있는 동작을 보장합니다.

읽을 거리

정전식 터치센서의 원리와 발전

정전식 터치센서의 역사는 1960년대 E.A. Johnson이 개발한 최초의 정전용량식 터치스크린에서 시작되었습니다. 당시에는 항공 교통 관제 시스템용으로 개발되었으며, 1965년에 처음으로 그의 연구가 발표되었습니다.

정전식 터치센서의 기본 원리는 인체의 정전용량을 감지하는 것입니다. 사람의 피부는 전도성을 가지고 있어 센서의 전극에 접근하면 정전용량이 변화하게 됩니다. 이러한 변화를 감지하여 터치 여부를 판단하는 것이 정전식 터치센서의 핵심 원리입니다.

1970년대에는 CERN의 Frank Beck과 Bent Stumpe가 더욱 발전된 형태의 정전식 터치스크린을 개발했습니다. 이들의 기술은 투명 전도막을 사용하여 디스플레이와 결합할 수 있었고, 이는 현대 스마트폰 터치스크린의 기초가 되었습니다.

1980년대에 들어서면서 정전식 터치 기술은 다양한 분야로 확대되었습니다:

- 산업용 제어 패널
- 공공 정보 단말기
- 게임기 컨트롤러
- 가전제품 인터페이스

1990년대에는 마이크로컨트롤러의 발전으로 더욱 정교한 터치 감지가 가능해졌습니다. 노이즈 제거 알고리즘, 다중 터치 감지, 제스처 인식 등 다양한 기능이 추가되었습니다.

2007년 아이폰의 등장으로 정전식 터치는 모바일 기기의 표준 인터페이스가 되었으며, 이후 정전식 터치 기술은 급속도로 발전했습니다:

- 고감도 센싱
- 다중 터치 지원
- 압력 감지 기능

- 방수/방진 설계
- 글러브 터치 지원

현재의 정전식 터치 기술은 단순한 터치 감지를 넘어 다양한 응용 분야로 확장되고 있습니다:

- 생체 인식
- 근접 센서
- 습도 센서
- 액체 레벨 센서
- 위치 추적 시스템

특히 IoT와 웨어러블 기기의 발전으로 초소형, 저전력 정전식 터치센서의 수요가 증가하고 있으며, 인공지능과 결합하여 더욱 직관적이고 자연스러운 인터페이스를 구현하는 방향으로 발전하고 있습니다.

정전식 터치센서는 단순한 구조와 높은 신뢰성으로 인해 앞으로도 중요한 입력 장치로 사용될 것으로 예상되며, 새로운 소재와 기술의 발전으로 더욱 다양한 응용이 가능해질 것으로 전망됩니다.

Chapter 10 아날로그 센서 2

Chapter 10에서는 UNIT 10을 활용하여 다양한 온도 측정 센서와 불꽃 감지 센서를 학습한다. NTC 서미스터, 불꽃 센서, LM35 온도센서, TMP36GT9 온도센서를 사용하여 온도 측정과 불꽃 감지 방법을 배우고, LCD에 센서 정보를 표시하며 LED와 부저를 통해 변화를 시각화하고 청각화하는 방법을 학습한다.

[그림 21] 완성된 Unit 10

아날로그 센서의 기본 개념

아날로그 센서는 연속적으로 변하는 물리량을 전기 신호로 변환하는 장치이다.

- NTC : 온도에 따른 저항 변화, 비선형 특성
- LM35 : 선형 출력 전압 변화 (10mV/℃)
- TMP36 : 선형 출력 전압 변화 (-40℃~+125℃)
- Flame Sensor : 적외선을 이용한 불꽃 감지

주요 특징

- 다양한 센서 활용 (온도 3종, 불꽃 감지 1종)
- LCD를 통한 센서 정보 표시
- 3개의 LED로 경고등 구현
- 부저로 경보음 출력

1 준비물

1) UNIT 10 PCB 보드

2) 부품 목록:

- NTC 서미스터(TH1) 1개
- TMP36GT9 온도센서(U1) 1개
- LM35 온도센서(U2) 1개
- LED 3개 (D1~D3)
- 220Ω 저항 3개 (R4~R6)
- 10kΩ 저항 2개 (R1~R2)
- 1kΩ 저항 1개 (R3)
- 콘덴서 3개 (C1~C3)
- 푸시버튼 1개 (SW1)
- 부저 1개 (BZ1)

3) 납땜 도구

- 인두, 납, 니퍼, 롱노우즈

2 조립 순서

1) 저항 납땜하기

- R1, R2 : 10kΩ (갈색-검정-주황)
- R3 : 1kΩ (갈색-검정-적색)
- R4~R6 : 220Ω (적색-적색-갈색)

2) 콘덴서 납땜하기

- C1~C3 : 0.1μF

3) 센서류 납땜하기

- TH1 : NTC 서미스터 (방향 무관)
- U1 : TMP36GT9 (핀 배열 주의)
- U2 : LM35 (핀 배열 주의)
- Q1 : 불꽃 센서 (방향 주의)

4) LED 납땜하기

- D1~D3 LED (극성 주의)

5) 기타 부품 납땜하기

- BZ1 : 부저 (극성 주의)
- SW1 : 푸시버튼

6) 핀헤더 소켓 부착

3 동작 테스트

1) 센서 입력 테스트

- NTC 온도 측정 확인, LCD 표시
- LM35 온도 측정 확인, LCD 표시
- TMP36 온도 측정 확인, LCD 표시
- 불꽃 감지 확인, LCD 표시, 부저

```
#include <LiquidCrystal_I2C.h>

// 상수 정의
#define THERMISTOR_PIN A1           // 서미스터 연결 핀
#define LED_PIN 12                  // LED 연결 핀
#define BUZZER_PIN 4                // 부저 연결 핀
#define SERIAL_SPEED 9600           // 시리얼 통신 속도

// 서미스터 상수
#define THERMISTOR_R25 10000.0      // 25도에서의 저항값 (10kΩ)
#define THERMISTOR_B 3950           // Beta 계수
#define SERIES_R 10000              // 직렬 저항 (10kΩ)
#define NOMINAL_TEMP 25             // 기준 온도

// 온도 경계값
#define TEMP_HIGH 30                // 고온 경계값
#define TEMP_LOW 10                 // 저온 경계값

// LCD 객체 생성 (0x27 I2C 주소)
LiquidCrystal_I2C lcd(0x3F, 16, 2);

void setup() {
    // 시리얼 통신 초기화
    Serial.begin(SERIAL_SPEED);

    // LCD 초기화
    lcd.init();
    lcd.backlight();
```

```
    // 핀 모드 설정
    pinMode(LED_PIN, OUTPUT);
    pinMode(BUZZER_PIN, OUTPUT);

#include <LiquidCrystal_I2C.h>

// 상수 정의
#define THERMISTOR_PIN A1          // 서미스터 연결 핀
#define LED_PIN 12                 // LED 연결 핀
#define BUZZER_PIN 4               // 부저 연결 핀
#define SERIAL_SPEED 9600          // 시리얼 통신 속도

// 서미스터 상수
#define THERMISTOR_R25 10000.0     // 25도에서의 저항값 (10kΩ)
#define THERMISTOR_B 3950          // Beta 계수
#define SERIES_R 10000             // 직렬 저항 (10kΩ)
#define NOMINAL_TEMP 25            // 기준 온도

// 온도 경계값
#define TEMP_HIGH 30               // 고온 경계값
#define TEMP_LOW 10                // 저온 경계값

// LCD 객체 생성 (0x27 I2C 주소)
LiquidCrystal_I2C lcd(0x3F, 16, 2);

void setup() {
    // 시리얼 통신 초기화
    Serial.begin(SERIAL_SPEED);

    // LCD 초기화
    lcd.init();
    lcd.backlight();

    // 핀 모드 설정
    pinMode(LED_PIN, OUTPUT);
    pinMode(BUZZER_PIN, OUTPUT);

    // 초기 메시지
    Serial.println("Thermistor Temperature Measurement");
    lcd.setCursor(0, 0);
    lcd.print("Temp Monitor");
}
```

```
void loop() {
    // 온도 측정
    float temperature = measureTemperature();

    // 결과 출력
    displayResults(temperature);

    // 경보 체크
    checkAlarm(temperature);

    // 1초 대기
    delay(1000);
}

float measureTemperature() {
    int rawADC = analogRead(THERMISTOR_PIN);  // ADC 값 읽기

    // 서미스터 저항 계산
    float r_thermistor = SERIES_R * (1023.0 / rawADC - 1.0);

    // Steinhart-Hart 방정식을 이용한 온도 계산
    float steinhart;
    steinhart = r_thermistor / THERMISTOR_R25;          // (R/R25)
    steinhart = log(steinhart);                       // ln(R/R25)
    steinhart /= THERMISTOR_B;                          // 1/B * ln(R/R25)
    steinhart += 1.0 / (NOMINAL_TEMP + 273.15);         // + 1/T25
    steinhart = 1.0 / steinhart;                      // 역수 취하기
    steinhart -= 273.15;                              // 켈빈을 섭씨로 변환

    return steinhart;
}

void displayResults(float temp) {
    // 시리얼 모니터 출력
    Serial.print("Temperature: ");
    Serial.print(temp);
    Serial.println(" ° C");

    // LCD 출력
    lcd.setCursor(0, 0);
    lcd.print("Temp: ");
    lcd.print(temp, 1);
    lcd.print("C ");
```

```
    // ADC 값 출력
    lcd.setCursor(0, 1);
    lcd.print("ADC: ");
    lcd.print(analogRead(THERMISTOR_PIN));
    lcd.print("      ");
}

void checkAlarm(float temp) {
    if (temp >= TEMP_HIGH) {
        // 고온 경보
        digitalWrite(LED_PIN, HIGH);
        tone(BUZZER_PIN, 1000, 100);
    } else if (temp <= TEMP_LOW) {
        // 저온 경보
        digitalWrite(LED_PIN, HIGH);
        tone(BUZZER_PIN, 500, 100);
    } else {
        // 정상 범위
        digitalWrite(LED_PIN, LOW);
        noTone(BUZZER_PIN);
    }
}
```

4 Unit 10 회로도

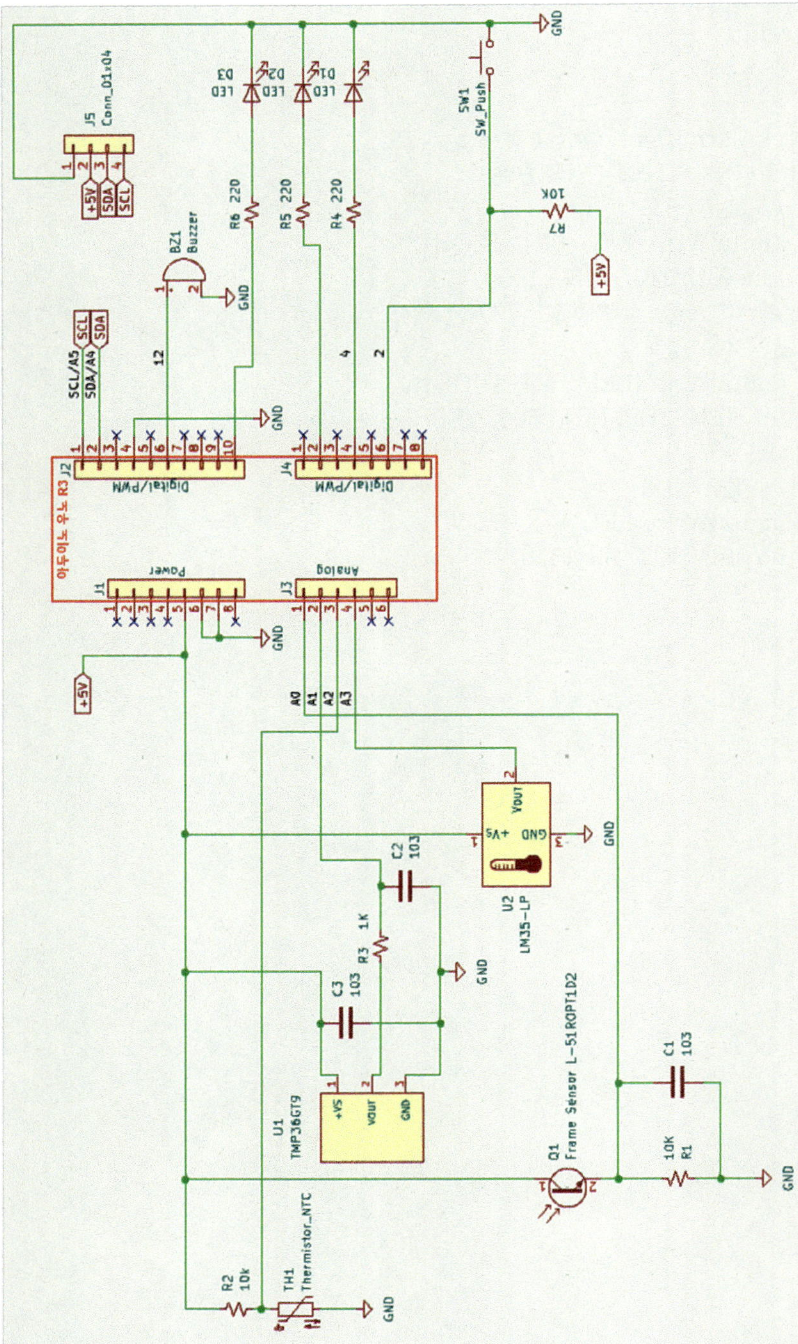

[그림 22] Unit 10의 회로도

읽을 거리

온도 센서와 불꽃 감지 센서의 발전

온도 측정 기술은 18세기 산업혁명 시기부터 본격적으로 발전하기 시작했습니다. 초기에는 수은이나 알코올을 사용한 기계식 온도계가 주를 이뤘으나, 20세기 들어 전자식 온도 센서가 개발되면서 더욱 정확하고 다양한 측정이 가능해졌습니다.

NTC 서미스터는 1930년대에 개발된 온도 측정 소자입니다. 금속 산화물의 저항이 온도에 따라 변하는 특성을 이용하며, 가격이 저렴하고 감도가 높다는 장점이 있습니다. 다만 비선형적인 특성 때문에 보정이 필요하다는 특징이 있습니다.

LM35는 1980년대 National Semiconductor(현 Texas Instruments)에서 개발한 정밀 온도 센서입니다. 섭씨 온도에 비례하는 전압을 출력하며(10mV/°C), 선형성이 우수하고 보정이 필요 없다는 장점이 있습니다. 특히 간단한 회로 구성으로도 정확한 온도 측정이 가능해 산업 현장에서 널리 사용되고 있습니다.

TMP36은 Analog Devices에서 개발한 현대적인 온도 센서입니다. LM35와 유사한 동작 방식을 가지지만, 더 넓은 온도 범위(-40°C~+125°C)와 향상된 정확도를 제공합니다. 또한 단일 전원으로 동작 가능하고 저전력 특성이 우수해 배터리 동작 기기에 많이 사용됩니다.

불꽃 감지 센서는 처음에는 산업 안전을 위해 개발되었습니다. 불꽃 감지 방식은 크게 두 가지로 나뉩니다. 첫 번째는 석영관을 사용하는 UV 센서로, 매우 빠른 응답 속도와 높은 감도, 선택성을 가지지만 고전압이 필요하고 크기가 크다는 단점이 있습니다. 두 번째는 반도체 방식의 IR 센서로, 저전압 동작과 소형화가 가능하지만 상대적으로 응답 속도가 느리고 주변 빛의 영향을 받기 쉽습니다.

현대의 불꽃 감지 센서는 두 방식의 장단점을 보완하여 발전하고 있습니다. UV/IR 복합 센서가 개발되어 더욱 정확한 화재 감지가 가능해졌으며, 마이크로프로세서와 결합하여 지능형 화재 감지 시스템으로 진화하고 있습니다. 특히 산업 현장의 안전 관리, 보일러 제어 시스템, 화재 경보 장치 등에서 핵심적인 역할을 수행하고 있습니다.

이러한 센서 기술들은 앞으로도 계속 발전할 것으로 예상됩니다. 더욱 정밀한 측정, 더 낮은 전력 소비, 더 높은 신뢰성을 갖춘 센서들이 개발될 것이며, 이는 더욱 안전하고 효율적인 시스템 구축을 가능하게 할 것입니다.

읽을 거리

Steinhart-Hart 방정식과 서미스터 온도 변환

1) Steinhart-Hart 방정식의 역사

Steinhart-Hart 방정식은 1968년 Carnegie Institute of Washington의 지구물리연구소에서 John S. Steinhart와 Stanley R. Hart가 개발한 수학적 모델이다. 이 방정식은 서미스터의 저항과 온도 사이의 비선형적 관계를 정밀하게 표현하며, "Calibration of Deep Sea Thermistors" 논문에서 처음 발표되었다.

2) 개발 배경과 필요성

1960년대 초반, 해양학 연구에서는 수심에 따른 정밀한 온도 측정이 중요한 과제로 떠올랐다. 기존의 선형 근사 방식은 서미스터의 비선형 특성을 반영하지 못해 온도 측정의 정확성이 떨어졌다. 이에 따라 Steinhart와 Hart는 해양 깊이에 따른 온도 변화를 보다 정밀하게 분석할 수 있는 새로운 수학적 모델을 연구하기 시작했다.

3) 방정식의 발전 과정

연구진은 다양한 수학적 접근 방식을 시도한 끝에, 로그 함수를 기반으로 한 다항식 모델이 서미스터의 특성을 가장 효과적으로 표현한다는 사실을 발견했다. 그 결과, Steinhart-Hart 방정식이 탄생했다.

$$\frac{1}{T} = \mathrm{A} + \mathrm{B}\ln(R) + \mathrm{C}(\ln(R))^3$$

- T : 절대온도(K)
- R : 서미스터의 저항값(Ω)
- A, B, C : 서미스터의 특성 상수 (데이터시트 제공 또는 보정 과정에서 결정됨)

이 방정식은 기존 모델과 비교하여 0.02℃ 이내의 높은 정확도를 제공하며, 정밀 온도 측정의 새로운 표준을 확립하는 데 기여했다.

4) 학술적 영향과 산업적 파급 효과

Steinhart-Hart 방정식은 해양학뿐만 아니라 다양한 과학 및 산업 분야에서 빠르게 채택되었다.

정밀한 온도 측정이 필수적인 연구 및 제조 환경에서 이 방정식은 신뢰할 수 있는 기준이 되었으며, 현대의 디지털 온도계 및 센서 시스템의 핵심 기술로 자리 잡았다.

5) 현대적 의의와 응용

현재 Steinhart-Hart 방정식은 단순한 온도 측정을 넘어 IoT 센서, 의료기기, 산업용 제어 시스템, 과학 연구 장비 등 다양한 첨단 기술 분야에서 활용되고 있다. 특히, 마이크로컨트롤러 기반의 스마트 센서 시스템에서 중요한 역할을 수행하며, 디지털 신호 처리 기술과 결합되어 더욱 정밀한 온도 감지가 가능해졌다.

6) 기술적 공헌

Steinhart-Hart 방정식의 가장 큰 공헌은 비선형 센서의 특성을 정밀하게 모델링할 수 있는 방법론을 제시했다는 점이다. 이 접근 방식은 단순히 서미스터의 온도 측정에만 국한되지 않고, 다른 비선형 센서의 데이터 분석과 활용에도 중요한 통찰을 제공하였다. 결과적으로, 해양 온도 측정을 위한 연구에서 비롯된 이 방정식은 반세기가 지난 지금도 센서 기술의 핵심 원리로 자리 잡으며, 정밀 온도 측정이 필요한 다양한 분야에서 지속적으로 활용되고 있다.

읽을 거리

서미스터(NTC)를 이용한 정밀 온도 측정

1) 서미스터란?

서미스터(NTC, Negative Temperature Coefficient)는 온도가 상승할수록 저항값이 감소하는 특성을 가진 전자 부품이다. 일반적으로 25℃에서 10kΩ의 기준 저항값을 가지며, 정밀한 온도 감지 및 측정이 필요한 다양한 응용 분야에서 사용된다.

2) 측정 원리 및 회로 구성

서미스터의 온도 측정은 전압 분배 회로를 활용하여 이루어진다. 기본적인 회로 구성은 다음과 같다:

① 전원 공급: VCC(5V) ⇨ 10kΩ 고정 저항(R2) ⇨ 서미스터(TH1) ⇨ 접지(GND)
② 신호 입력: 아날로그 입력 핀(A1)에서 전압 값을 측정

아날로그 입력 핀(A1)에서 읽힌 전압값은 서미스터의 저항 변화에 따라 달라지며, 이를 통해 온도를 계산할 수 있다.

3) 측정 과정

① ADC 값 읽기

- Arduino의 analogRead(A1) 함수를 사용하여 0~1023 사이의 ADC 값을 얻는다.
- 이를 전압값으로 변환하기 위해 다음 공식을 사용한다:

$$V_{out} = \frac{ADC \times 5.0}{1024}$$

② 저항값 계산

- 전압 분배 법칙을 활용하여 서미스터의 저항값을 계산한다:

$$R_{NTC} = R_2 \times \left(\frac{V_{in}}{V_{out}} - 1 \right)$$

③ 온도 변환

- 서미스터의 저항값을 온도로 변환하기 위해 Steinhart-Hart 방정식을 적용한다:

$$\frac{1}{T} = \mathrm{A} + \mathrm{B}\ln(R) + \mathrm{C}(\ln(R))^3$$

여기서 T는 절대온도(K)이며, A, B, C는 서미스터의 특성 상수로, 데이터시트에서 제공되거나 보정 과정을 통해 얻을 수 있다.

4) 측정 정확도 향상 방법

보다 정밀한 온도 측정을 위해 다음과 같은 기법을 적용할 수 있다:

- **다중 샘플링**: 여러 번 측정한 값의 평균을 사용하여 노이즈를 줄일 수 있음
- **기준 온도계 보정**: 보정 과정을 거쳐 오차를 보상하는 테이블을 작성하면 정확도를 높일 수 있음

5) 실용적 응용과 주의사항

서미스터를 사용할 때는 몇 가지 고려해야 할 점이 있다:

- **자체 발열 방지**: 서미스터는 측정 시 전류에 의해 발열이 발생할 수 있으며, 이는 온도 측정의 오차를 초래할 수 있다. 이를 방지하기 위해 적절한 전류 제한이 필요하다.
- **노이즈 감소**: 필터 커패시터를 사용하고 신호선을 짧게 유지하여 외부 간섭을 최소화해야 한다.
- **환경적 영향 차단**: 서미스터가 기류, 습도 등의 영향을 받지 않도록 차폐하는 것이 중요하다.

6) 서미스터 기반 온도 측정의 미래

서미스터를 활용하면 높은 감도와 정확도를 요구하는 다양한 온도 제어 애플리케이션에서 안정적인 측정을 수행할 수 있다. 특히, 좁은 온도 범위 내에서의 정밀한 온도 감지가 필요한 의료, 산업, IoT 분야에서 서미스터 기반의 온도 측정 기술은 지속적으로 발전하며 널리 활용되고 있다.

Steinhart-Hart 방정식과 서미스터 기술은 단순한 온도 감지를 넘어, 스마트 센서 시스템, 자동화 제어, 정밀 실험 장비 등의 핵심 요소로 자리 잡으며, 미래의 첨단 기술에도 지속적으로 기여할 것으로 전망된다.

Chapter 11 디지털 센서 1

Chapter 11에서는 UNIT 11을 활용하여 디지털 센서의 개념을 학습한다. 로터리 엔코더를 통해 디지털 입력의 활용법을 배우고, 초음파 센서(HC-SR1)로 거리를 측정하며, 이를 LCD에서 정보를 표시하고 LED와 부저를 통해 시각화하고 청각화하는 방법을 학습한다.

[그림 23] 완성된 Unit 11

디지털 센서의 기본 개념

디지털 센서는 물리량을 직접 디지털 신호로 변환하는 장치이다.

- 로터리 엔코더 : 회전 운동을 디지털 신호로 변환
- 초음파 센서 : 거리를 디지털 데이터로 변환

주요 특징

- 로터리 엔코더의 회전 감지와 방향 판별
- 초음파를 이용한 정밀 거리 측정
- LCD를 통한 측정값 표시
- LED와 부저로 상태 알림

1 준비물

1) UNIT 11 PCB 보드

2) 부품 목록:

- 로터리 엔코더 1개 (ROT1)
- 초음파 센서 1개 (HC-SR1)
- LED 2개 (D1~D2)
- 220Ω 저항 2개 (R4~R5)
- 10kΩ 저항 3개 (R1~R3)
- 0.1μF 콘덴서 3개 (C1~C3)
- 부저 1개 (BZ1)

3) 납땜 도구:

- 인두, 납, 니퍼, 롱노우즈

2 조립 순서

1) 저항 납땜하기

- R1~R3 : 10kΩ (갈색-검정-주황)
- R4~R5 : 220Ω (적색-적색-갈색)

2) 콘덴서 납땜하기

- C1~C3 : 0.1μF

3) 센서류 납땜하기

- ROT1 : 로터리 엔코더
- HC-SR1 : 초음파 센서

4) LED 납땜하기

- D1~D2 LED (극성 주의)

5) 기타 부품 납땜하기

- BZ1 : 부저 (극성 주의)

6) 핀헤더 소켓 부착

3 동작 테스트

1) 로터리 엔코더 테스트

- 회전 방향 감지
- 회전 속도 측정
- LCD 정보 표시, LED 상태 표시, 부저사용

2) 초음파 센서 테스트

- 거리 측정 정확도 확인
- 측정 범위 테스트
- LCD 정보 표시, LED 상태 표시, 부저사용

```
#include <LiquidCrystal_I2C.h>

// 핀 설정
const int TRIG_PIN = 3;        // 초음파 센서 Trig 핀
const int ECHO_PIN = 4;        // 초음파 센서 Echo 핀
const int BUZZER_PIN = A0;  // 부저 핀

// 거리 설정 (cm)
const int MIN_DISTANCE = 5;
const int MAX_DISTANCE = 50;

// 음높이 설정 (Hz)
const int MIN_FREQUENCY = 100;
const int MAX_FREQUENCY = 2000;

// LCD 설정 (0x27은 일반적인 I2C 주소, 다를 수 있음)
LiquidCrystal_I2C lcd(0x3F, 16, 2);

void setup() {
  // 초음파 센서 핀 설정
  pinMode(TRIG_PIN, OUTPUT);
  pinMode(ECHO_PIN, INPUT);
  pinMode(BUZZER_PIN, OUTPUT);

  // LCD 초기화
  lcd.init();
  lcd.backlight();
  lcd.clear();

  // 시작 메시지 표시
  lcd.setCursor(0, 0);
  lcd.print("Dist:");
  lcd.setCursor(0, 1);
  lcd.print("Freq:");
}
```

```
void loop() {
  long distance = getDistance(); // 거리 측정

  int frequency = mapFrequency(distance); // 거리를 주파수로 변환

  updateLCD(distance, frequency); // LCD 업데이트

  // 소리 출력
  if (distance >= MIN_DISTANCE && distance <= MAX_DISTANCE) {
    tone(BUZZER_PIN, frequency);
  } else {
    noTone(BUZZER_PIN);
  }

  // 안정적인 측정을 위한 딜레이
  delay(50);
}

long getDistance() {
  // 초음파 발신
  digitalWrite(TRIG_PIN, LOW);
  delayMicroseconds(2);
  digitalWrite(TRIG_PIN, HIGH);
  delayMicroseconds(10);
  digitalWrite(TRIG_PIN, LOW);

  // 거리 계산 (음속 = 340m/s = 34000cm/s)
  long duration = pulseIn(ECHO_PIN, HIGH);
  return (duration * 0.034) / 2;  // cm 단위
}

int mapFrequency(long distance) {
  // 거리를 주파수로 변환
  if (distance < MIN_DISTANCE) return MAX_FREQUENCY;
  if (distance > MAX_DISTANCE) return MIN_FREQUENCY;

  return map(distance, MIN_DISTANCE, MAX_DISTANCE, MAX_FREQUENCY,
MIN_FREQUENCY);
}

void updateLCD(long distance, int frequency) {
  lcd.setCursor(5, 0); // 거리 표시 업데이트
  lcd.print("      ");  // 이전 값 지우기
```

```
  lcd.setCursor(5, 0);
  lcd.print(distance);
  lcd.print("cm");

  lcd.setCursor(5, 1); // 주파수 표시 업데이트
  lcd.print("      "); // 이전 값 지우기
  lcd.setCursor(5, 1);
  lcd.print(frequency);
  lcd.print("Hz");
}
```

4 Unit 11 회로도

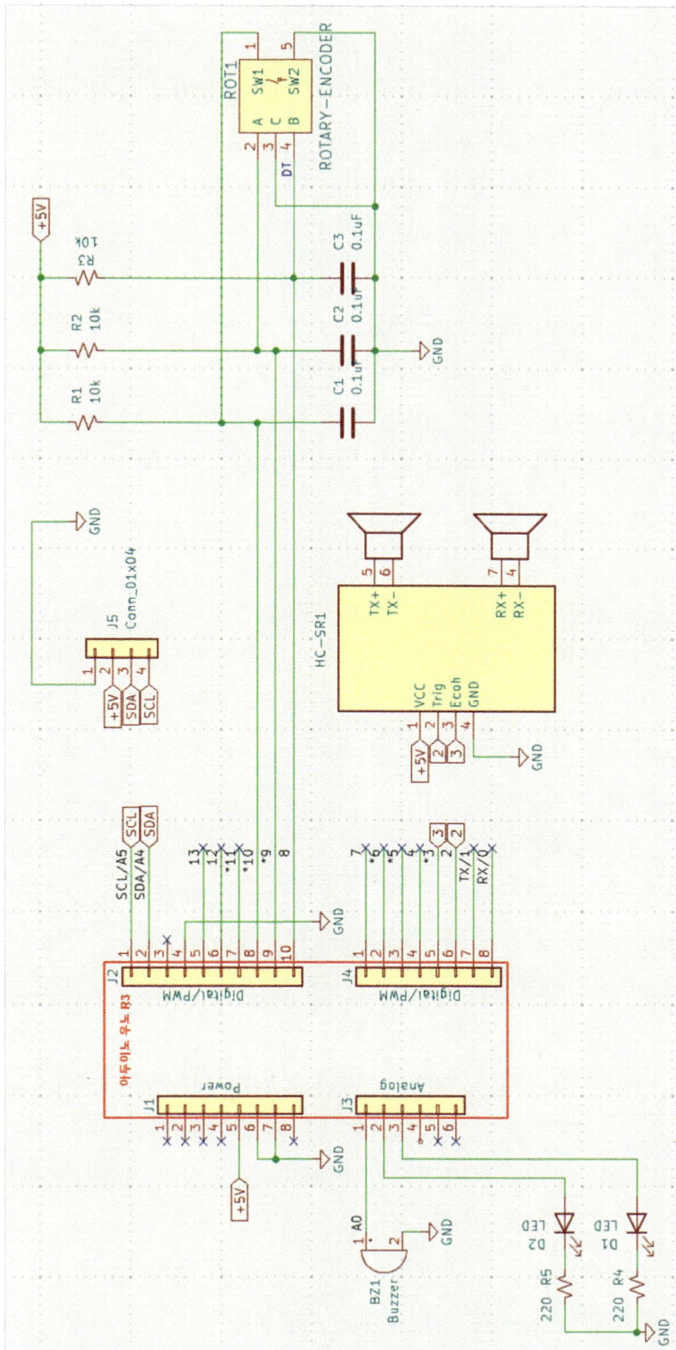

[그림 24] Unit 11의 회로도

읽을 거리

초음파 센서의 기초 지식

초음파 센서는 초음파를 이용하여 거리를 측정하는 센서로, 우리 일상생활에서 널리 사용되고 있습니다. 이 센서의 핵심은 40kHz 주파수의 음파를 발사하고 물체에서 반사되어 돌아오는 시간을 측정하는 것입니다. 송신부와 수신부는 약 2.5cm 간격으로 배치되어 있으며, ABS 수지로 만들어진 보호 하우징이 이를 보호합니다.

센서의 핵심 부품인 PZT(Lead Zirconate Titanate) 압전 세라믹은 전기 에너지와 기계적 에너지를 상호 변환하는 놀라운 특성을 가지고 있습니다. PZT는 Pb[ZrxTi1-x]O_3의 화학식을 가진 페로브스카이트 결정구조를 갖고 있으며, 특히 Zr:Ti가 약 52:48 비율일 때 최적의 특성을 보입니다. 이 물질은 220~590 pC/N의 압전상수와 0.45~0.7의 전기기계결합계수를 가지며, 150~350°C의 큐리온도를 특징으로 합니다.

PZT의 전기적 특성을 정확하게 이해하기 위해 Butterworth-Van Dyke(BVD) 모델을 사용합니다. 이 모델은 정적 커패시턴스(C0), 기계적 저항(Rm), 기계적 인덕턴스(Lm), 기계적 커패시턴스(Cm)로 구성됩니다. 각 요소들은 압전 소자의 물리적 특성을 전기적으로 표현하며, 이를 통해 센서의 공진 특성과 임피던스 특성을 정확히 예측할 수 있습니다.

초음파 센서의 동작은 매우 정교합니다. Trig 핀에 10㎲ 이상의 HIGH 신호를 입력하면, 센서는 8회의 40kHz 초음파 펄스를 발사합니다. 이 초음파가 물체에 부딪혀 반사되어 돌아오면, Echo 핀이 HIGH 상태를 유지하는 시간을 측정합니다. 이 시간과 음속을 이용하여 거리를 계산하는데, 2cm에서 400cm까지의 거리를 0.3cm의 분해능으로 측정할 수 있습니다.

PZT 제조 과정도 매우 중요합니다. 원료 준비와 볼밀링으로 시작하여, 1200~1300°C에서의 소결 과정을 거치고, 2~3kV/mm의 전계를 100~150°C에서 가하는 분극 처리로 마무리됩니다. 이러한 정교한 제조 공정을 통해 안정적인 성능의 압전 소자가 만들어집니다.

초음파 센서는 로봇의 장애물 감지, 주차 보조 시스템, 수위 측정 등 다양한 분야에서 활용되고 있습니다. 하지만 부드러운 물체나 곡면에서는 측정이 부정확할 수 있고, 온도 변화에 따른 음속 변화도 고려해야 합니다. 또한 여러 센서를 동시에 사용할 때는 상호 간섭을 주의해야 하며, 15도 이상의 각도에서는 측정 신뢰성이 떨어질 수 있습니다.

품질 관리 측면에서는 PZT 소자의 정확한 정렬과 고정, 방수 실링 처리, PCB 신호 처리 회로의 성능, 전기적 노이즈 차폐, 온도 안정성 등을 철저히 검증해야 합니다. 이러한 모든 요소들이 조화롭게 작동할 때, 초음파 센서는 신뢰성 있는 거리 측정을 수행할 수 있습니다.

초음파 센서 기술은 계속 발전하고 있으며, 더 높은 정확도와 신뢰성을 위한 연구가 진행되고 있습니다. 특히 환경 친화적인 무연 압전체 개발과 같은 새로운 도전과제들도 활발히 연구되고 있어, 앞으로도 더욱 발전된 초음파 센서 기술을 기대할 수 있습니다.

현대의 불꽃 감지 센서는 두 방식의 장단점을 보완하여 발전하고 있습니다. UV/IR 복합 센서가 개발되어 더욱 정확한 화재 감지가 가능해졌으며, 마이크로프로세서와 결합하여 지능형 화재 감지 시스템으로 진화하고 있습니다. 특히 산업 현장의 안전 관리, 보일러 제어 시스템, 화재 경보 장치 등에서 핵심적인 역할을 수행하고 있습니다.

이러한 센서 기술들은 앞으로도 계속 발전할 것으로 예상됩니다. 더욱 정밀한 측정, 더 낮은 전력 소비, 더 높은 신뢰성을 갖춘 센서들이 개발될 것이며, 이는 더욱 안전하고 효율적인 시스템 구축을 가능하게 할 것입니다.

읽을 거리

로터리 엔코더의 기초지식

1. 로터리 엔코더의 필요성과 활용

로터리 엔코더는 회전 운동을 디지털 신호로 변환하는 핵심적인 센서로, 현대 전자기기와 산업 장비에서 없어서는 안 될 중요한 부품입니다. 정확한 위치 및 회전 감지 능력 덕분에 다양한 분야에서 활용되고 있으며, A상과 B상의 90도 위상차를 이용하여 회전 방향을 감지하고, 분해능에 따라 미세한 회전각까지 측정할 수 있어 정밀한 제어가 가능합니다. 산업 현장에서는 CNC 기계의 위치 제어, 로봇 관절의 각도 측정, 공정 자동화 장비의 피드백 장치로 널리 사용되며, 소비자 가전 제품에서는 오디오 볼륨 컨트롤이나 메뉴 인터페이스에 적용됩니다. 의료 장비에서는 정밀한 기기 제어와 파라미터 설정에도 활용되고 있습니다.

2. 로터리 엔코더의 기본 원리

로터리 엔코더는 회전 운동을 감지하고 이를 전기적 신호로 변환하는 원리로 작동합니다. 기본적으로 A상과 B상이라는 두 개의 출력 채널을 가지고 있으며, 이 두 신호는 90도의 위상차를 가진 구형파 형태로 출력됩니다. 엔코더가 회전할 때마다 이 두 신호의 상태가 변화하며, 이 변화 패턴을 통해 회전의 방향과 각도를 감지할 수 있습니다. 20PPR(Pulse Per Revolution) 엔코더의 경우 한 바퀴에 20개의 펄스를 생성하며, 이는 18도마다 한 번의 신호 변화가 있음을 의미합니다. 또한 A상과 B상의 신호를 모두 활용하면 4체배가 가능하여 분해능을 4배로 높일 수 있습니다.

3. 로터리 엔코더의 기계적 구조

로터리 엔코더의 기계적 구조는 정밀하고 신뢰성 있는 동작을 위해 세심하게 설계되어 있습니다. 중심에는 스테인리스 스틸로 만들어진 회전축이 있으며, 이 축은 정밀한 베어링으로 지지됩니다. 회전축에는 엔코더 디스크가 부착되어 있는데, 이 디스크에는 일정한 간격으로 슬롯이나 마크가 배열되어 있습니다. 광학식 엔코더의 경우 LED와 포토트랜지스터를 사용하여 이 패턴을 감지하고, 기계식의 경우 접점을 통해 패턴을 감지합니다. 하우징은 방진과 방수 기능을 갖추고 있으며, EMI 차폐 기능도 제공합니다. 또한 사용자에게 정확한 피드백을 제공하기 위한 디텐트 메커니즘과 푸시버튼 기능도 포함되어 있습니다.

4. 디텐트 메커니즘의 완벽한 이해

디텐트 메커니즘은 로터리 엔코더에서 사용자에게 정확한 위치감과 촉각적 피드백을 제공하는 핵심 기계 구조입니다. 이 메커니즘은 래칫 휠과 스프링이 장착된 볼 플런저로 구성되어 있으며, 래칫 휠에는 일정한 간격으로 홈이 파여 있습니다. 사용자가 엔코더를 회전시킬 때 볼 플런저는 이 홈을 따라 움직이며, 홈과 홈 사이를 지날 때는 스프링이 압축되면서 저항력을 만들어냅니다. 다음 홈에 도달하면 스프링의 복원력으로 인해 볼이 홈에 안착되면서 클릭감을 생성합니다. 디텐트의 강도는 스프링의 강도, 래칫 휠의 홈 형상, 볼의 크기와 재질에 의해 결정되며, 이러한 요소들의 정밀한 설계를 통해 수백만 회의 조작에도 일관된 촉각적 피드백을 제공할 수 있습니다.

5. 로터리 엔코더의 전기적 구성과 동작 원리

로터리 엔코더의 전기적 구성은 신뢰성 있는 회전 감지를 위한 핵심 요소입니다. 기본적으로 세 개의 주요 출력핀(A상, B상, 스위치)을 가지며, 각 출력핀에는 10kΩ 풀업 저항이 연결되어 있어 안정적인 HIGH 신호를 보장합니다. 신호의 품질 향상을 위해 각 신호선에는 0.1μF 디커플링 커패시터가 연결되어 있으며, 이는 고주파 노이즈를 제거하는 역할을 합니다. 엔코더가 회전할 때 A상과 B상은 90도의 위상차를 가진 구형파를 출력하며, 이 신호는 마이크로컨트롤러에서 인터럽트 방식으로 처리됩니다. 또한 채터링 현상을 방지하기 위한 디바운싱 처리도 필수적입니다.

6. 구형파(Square Wave)

구형파는 두 개의 고정된 전압 레벨(HIGH와 LOW) 사이를 주기적으로 반복하는 디지털 신호입니다. 로터리 엔코더에서는 A상과 B상이 각각 구형파 형태로 출력되며, 이 두 신호는 90도의 위상차를 가집니다. 0도 지점에서 A상은 LOW에서 HIGH로 변화하는 순간이며, B상은 LOW 상태를 유지합니다. 이후 90도마다 각 신호의 상태가 변화하면서 회전의 방향과 각도를 감지할 수 있게 됩니다. 구형파는 디지털 회로와의 호환성이 뛰어나고 노이즈에 대한 내성이 강하며, 신호 처리가 용이하다는 장점이 있습니다. 실제 구형파는 이상적인 수직 천이가 아닌 유한한 상승/하강 시간을 가지며, 약간의 오버슈트와 링잉 현상이 발생할 수 있으나, 이는 디커플링 커패시터와 적절한 회로 설계를 통해 최소화할 수 있습니다.

이러한 모든 요소들이 조화롭게 작동하여 로터리 엔코더는 정확하고 신뢰성 있는 회전 운동 감지 장치로서의 역할을 수행합니다. 앞으로도 계속해서 기술이 발전함에 따라 더욱 정밀하고 다양한 응용이 가능한 로터리 엔코더가 개발될 것으로 기대됩니다.

Buzzer
LED 1

Chapter 12 디지털 센서 2

Chapter 12에서는 UNIT 12를 활용하여 다양한 디지털 센서들의 활용을 학습한다. DHT11 온습도 센서, DS18B20 온도 센서, 틸트 센서(SW-520D), 적외선 수신기(TSOP3023B)를 사용하여 온도/습도 측정, 기울기 감지, 적외선 신호 수신 방법을 배우고, 이를 LCD에서 정보를 표시하고 LED와 부저를 통해 시각화하고 청각화하는 방법을 학습한다.

[그림 25] 완성된 Unit 12

디지털 센서의 기본 개념

디지털 센서는 물리량을 직접 디지털 신호로 변환하는 장치이다.

- DHT11 : 온도(-40~80℃)와 습도(20~90%RH) 측정
- DS18B20 : 고정밀 온도(-55~+125℃) 측정
- SW-520D : 기울기 감지용 볼 스위치형 센서
- TSOP3023B : 38kHz 변조 적외선 수신기
- PIR : 적외선을 이용한 움직임 감지(옵션)

주요 특징

- DHT11, DS18B20 두 가지 방식의 온도 측정 비교
- 상대습도 측정
- 기울기 감지
- 적외선 신호 수신
- LCD를 통한 측정값 표시
- LED와 부저로 상태 알림

1 준비물

1) UNIT 12 PCB 보드

2) 부품 목록:

- DHT11 온습도센서 1개 (U1)
- DS18B20 온도센서 1개 (U2)
- SW-520D 틸트센서 1개 (U3)
- TSOP3023B 적외선수신기 1개 (U5)
- PIR 모션센서(SW-520D) 1개 (옵션)
- LED 3개 (D1~D3)
- 220Ω 저항 3개 (R4~R6)
- 10kΩ 저항 1개 (R7)

- 1kΩ 저항 1개 (R1)
- 4.7kΩ 저항 1개 (R2)
- 0.1μF 콘덴서 1개 (C1)
- 부저 1개 (BZ1)
- 푸시버튼 1개 (SW1)

3) 납땜 도구:

- 인두, 납, 니퍼, 롱노우즈

2 조립 순서

1) 저항 납땜하기

- R1 : 1kΩ (갈색-검정-적색)
- R2 : 4.7kΩ (노랑-보라-적색)
- R4~R6 : 220Ω (적색-적색-갈색)
- R7 : 10kΩ (갈색-검정-주황)

2) 콘덴서 납땜하기

- C1 : 0.1μF

3) 센서류 납땜하기

- U1 : DHT11 온습도센서 (핀 방향 주의)
- U2 : DS18B20 온도센서 (극성 주의)
- U3 : SW-520D 틸트센서 (방향 주의)
- U5 : TSOP3023B 적외선수신기 (극성 주의)
- J6: PIR 모션센서 (옵션)

4) LED 납땜하기

- D1~D3 LED (극성 주의)

5) 기타 부품 납땜하기

- BZ1 : 부저 (극성 주의)
- SW1 : 푸시버튼

6) 핀헤더 소켓 부착

3 동작 테스트

1) 온습도 센서 테스트

- DHT11 온습도 값 읽기
- LCD에 온습도 표시
- LCD 정보 표시, LED 상태 표시, 부저사용

2) DS18B20 테스트

- 온도 측정 정확도 확인
- DHT11과 온도값 비교
- LCD 정보 표시, LED 상태 표시, 부저사용

3) 적외선 수신기 테스트

- 38kHz 신호 수신 확인
- 리모컨 신호 디코딩
- LCD 정보 표시, LED 상태 표시, 부저사용

4) 틸트센서 테스트

- 기울기 감지 확인
- LCD 정보 표시, LED 상태 표시, 부저사용

5) PIR 센서 테스트 (옵션)

- 움직임 감지 확인

- 감지 범위 테스트
- 경보 기능 동작 확인

DHT11 테스트

```
#include <DHT.h>
#include <LiquidCrystal_I2C.h>

#define DHTPIN 2          // DHT11 데이터 핀
#define DHTTYPE DHT11     // DHT 타입 설정

// LCD 객체 생성 (주소 0x3F로 수정, 16열 2행)
LiquidCrystal_I2C lcd(0x3F, 16, 2);
DHT dht(DHTPIN, DHTTYPE);

void setup() {
  Serial.begin(9600);
  dht.begin();

  lcd.init();              // LCD 초기화
  lcd.backlight();         // 백라이트 켜기

  lcd.setCursor(0, 0);
  lcd.print("Temp: ");
  lcd.setCursor(0, 1);
  lcd.print("Humidity: ");
}

void loop() {
  delay(2000);

  float humidity = dht.readHumidity();
  float temperature = dht.readTemperature();

  if (isnan(humidity) || isnan(temperature)) {
    Serial.println("DHT11 센서 읽기 실패!");
    lcd.setCursor(6, 0);
    lcd.print("Error!");
    return;
  }
```

```
  // LCD에 온도 표시
  lcd.setCursor(6, 0);
  lcd.print("        ");
  lcd.setCursor(6, 0);
  lcd.print(temperature, 1);
  lcd.print("C");

  // LCD에 습도 표시
  lcd.setCursor(10, 1);
  lcd.print("      ");
  lcd.setCursor(10, 1);
  lcd.print(humidity, 1);
  lcd.print("%");

  // 시리얼 모니터 출력
  Serial.print("온도: ");
  Serial.print(temperature);
  Serial.print("° C, 습도: ");
  Serial.print(humidity);
  Serial.println("%");
}
```

4 Unit 12 회로도

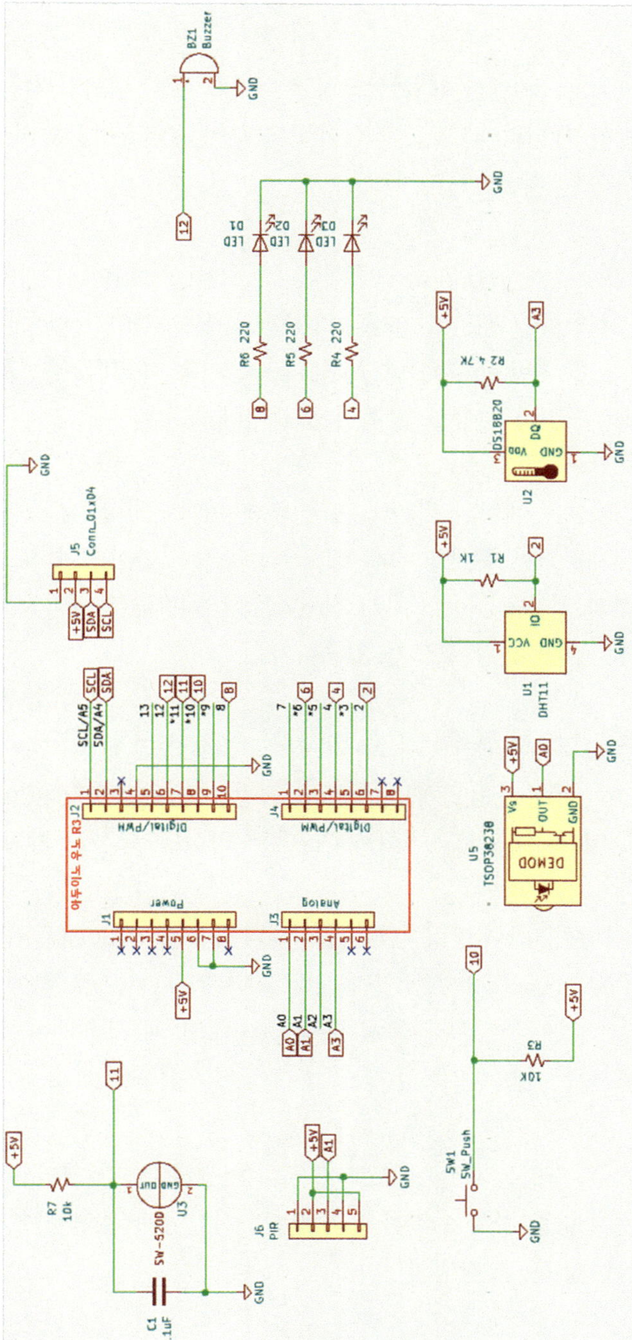

[그림 26] Unit 12의 회로도

읽을거리

1-Wire 통신 프로토콜의 기초지식

DS18B20은 Maxim Integrated에서 개발한 고정밀 디지털 온도 센서입니다. 1-Wire 버스 프로토콜을 사용하여 단일 데이터 선으로 통신이 가능하며, -55~+125℃의 넓은 측정 범위와 ±0.5℃의 높은 정확도를 제공합니다.

1-Wire 프로토콜은 Dallas Semiconductor(현재 Maxim Integrated)에서 개발한 통신 방식으로, 하나의 데이터 선으로 양방향 통신이 가능한 독특한 특성을 가지고 있습니다. 이 프로토콜은 마스터-슬레이브 구조를 기반으로 하며, 16.3kbps의 저속 데이터 통신을 지원하지만 최대 300m까지의 긴 거리 전송이 가능한 장점이 있습니다.

물리적으로 1-Wire 통신은 데이터 라인(DQ)을 통해 이루어지며, 오픈 드레인/오픈 컬렉터 구조를 사용합니다. 안정적인 통신을 위해 4.7kΩ의 풀업 저항이 필수적으로 필요하며, 표준 모드에서는 15V 이하의 전압을 사용합니다. 전원 공급 방식에는 일반적인 전원 모드와 데이터 라인만으로 동작하는 기생 전원 모드가 있습니다.

통신 과정은 리셋 펄스로 시작되는데, 마스터가 최소 480μs 동안 LOW 신호를 보내면 슬레이브가 60~240μs의 LOW 신호로 응답하는 presence 펄스를 보냅니다. 데이터 전송은 정밀한 타이밍을 요구하며, 읽기와 쓰기 동작이 각각 다른 타이밍 특성을 가집니다.

1-Wire 프로토콜은 다양한 ROM 명령어를 지원합니다. SEARCH ROM은 네트워크상의 장치를 검색하고, READ ROM은 단일 장치를 식별하며, MATCH ROM으로 특정 장치를 선택할 수 있습니다. SKIP ROM은 모든 장치에 동시에 명령을 내릴 때 사용하며, ALARM SEARCH는 알람 상태의 장치를 찾는 데 사용됩니다.

이 프로토콜의 가장 큰 장점은 단일 선로로 통신이 가능하고, 긴 거리 전송이 가능하며, 각 장치가 고유 ID를 가져 다중 장치 연결이 용이하다는 점입니다. 또한 하드웨어 구성이 단순하여 구현 비용이 낮은 것도 큰 장점입니다.

하지만 1-Wire 통신에는 몇 가지 제약사항이 있습니다. 상대적으로 느린 통신 속도, 정확한 타이밍 제어의 필요성, 인터럽트 사용의 제한, 그리고 비교적 복잡한 프로토콜 구조가 그것입니다. 또한 구현 시에는 타이밍의 정확성, 인터럽트 처리, 적절한 풀업 저항 값 선정, 선로 용량, EMI 대책 등을 신중히 고려해야 합니다.

DS18B20과 같은 온도 센서에서 널리 사용되는 1-Wire 프로토콜은, 특히 센서 네트워크 구성에 매우 적합합니다. 하나의 통신선으로 여러 개의 센서를 연결할 수 있고, 각 센서를 고유하게 식별할 수 있어 효율적인 네트워크 구성이 가능합니다. 비록 정확한 타이밍 제어가 필요하고 통신 속도가 느리다는 단점이 있지만, 그 단순성과 확장성으로 인해 많은 응용 분야에서 선호되고 있습니다.

이러한 특성들로 인해 1-Wire 프로토콜은 특히 분산된 센서 네트워크, 환경 모니터링 시스템, 산업용 제어 시스템 등에서 널리 활용되고 있으며, 앞으로도 계속해서 새로운 응용 분야를 개척해 나갈 것으로 기대됩니다.

읽을거리 TSOP38238 적외선 수신기 모듈의 기초지식

TSOP38238은 Vishay사가 개발한 적외선 수신 모듈입니다. 38kHz로 변조된 적외선 신호를 수신할 수 있으며, 내부에 광검출기, 증폭기, 복조기, 자동이득제어 회로가 통합되어 있습니다. 2.5V에서 5.5V 사이의 전원으로 동작하며, 적외선 신호를 최대 45m 거리에서 수신할 수 있습니다. 수신 각도는 좌우 45도로, 넓은 범위의 신호 감지가 가능하며, 매우 낮은 전력 소비(약 0.35mA)를 특징으로 합니다.

이 모듈은 VS(전원), GND(접지), OUT(출력)의 3핀 구조로 되어 있으며, 내부에는 PIN 포토다이오드, 적외선 필터, 전치 증폭기, 자동 이득 제어(AGC), 대역통과 필터, 복조기, 출력 트랜지스터가 모두 집적되어 있습니다. 이러한 통합 설계 덕분에 외부에 추가적인 부품이 거의 필요하지 않아 사용이 매우 간편합니다.

동작 원리를 살펴보면, 먼저 PIN 포토다이오드가 38kHz로 변조된 적외선 신호를 감지합니다. 이 신호는 내장된 필터를 통해 주변의 불필요한 노이즈가 제거되고, AGC 회로를 통해 신호 레벨이 자동으로 조정됩니다. 그 후 복조 과정을 거쳐 최종적으로 디지털 신호로 출력됩니다. 출력은 활성 LOW 형태로, TTL/CMOS 레벨과 호환됩니다.

TSOP38238의 가장 큰 장점은 뛰어난 노이즈 내성과 내장된 EMI 보호 기능입니다. 자동 이득 제어 기능이 내장되어 있어 다양한 신호 강도에 대해서도 안정적인 수신이 가능하며, 대역통과 필터가 내장되어 있어 주변 광원이나 전기적 노이즈의 영향을 최소화할 수 있습니다.

이 센서는 TV, 에어컨, 오디오 시스템 등의 리모컨 수신기로 널리 사용되며, 로봇 제어나 자동화 시스템, 보안 시스템 등 다양한 분야에서 활용됩니다. 특히 소형 패키지와 낮은 전력 소비 특성 덕분에 휴대용 기기에도 적합합니다.

사용시에는 몇 가지 주의사항이 있습니다. 전원 노이즈를 제거하기 위한 디커플링 커패시터의 사용이 필수적이며, 신호선은 가능한 짧게 유지해야 합니다. 또한 강한 전자기 간섭을 피하기 위한 적절한 차폐와 형광등과 같은 강한 광원으로부터의 간섭을 피하기 위한 적절한 배치가 필요합니다.

이러한 특성들 덕분에 TSOP38238은 적외선 리모컨 시스템에서 매우 신뢰성 높은 선택지가 되고 있습니다. 통합된 설계로 인한 간단한 회로 구성, 뛰어난 노이즈 내성, 안정적인 성능은 이 모듈을 다양한 응용 분야에서 이상적인 선택으로 만들고 있습니다.

읽을 거리 DHT11 온습도 센서의 기초지식

DHT11은 중국의 Aosong(Guangzhou) Electronics Co., Ltd.에서 2000년대 초반에 개발한 디지털 온습도 센서입니다. 초기의 온습도 측정은 개별적인 온도 센서와 습도 센서를 사용해야 했지만, DHT11은 이 두 가지 센서를 하나의 패키지에 통합하고 디지털 출력을 제공하여 혁신을 가져왔습니다.

DHT11 센서는 온도와 습도를 동시에 측정할 수 있는 복합 센서로, 그 핵심에는 온도 측정을 위한 NTC(Negative Temperature Coefficient) 서미스터와 습도 측정을 위한 정전 용량형 센서가 내장되어 있습니다. 이 두 가지 센싱 요소가 하나의 패키지에 통합되어 디지털 신호로 출력되는 특징을 가지고 있습니다.

온도 감지부는 NTC 서미스터를 사용하여 온도 변화를 감지합니다. 서미스터는 온도가 올라갈수록 저항값이 감소하는 특성을 가진 반도체 소자입니다. 세라믹 기판 위에 형성된 이 서미스터는 온도 변화에 따라 저항값이 변화하고, 이 저항 변화를 측정하여 온도값으로 변환합니다. DHT11의 서미스터는 특별히 설계된 보호 코팅으로 덮여 있어 외부 환경으로부터 보호됩니다.

습도 측정부는 정전 용량형 센서를 사용합니다. 두 개의 전극 사이에 습도에 민감한 유전체 물질이 배치되어 있으며, 이 물질은 공기 중의 수분을 흡수하거나 방출함에 따라 유전율이 변화합니다. 이러한 유전율의 변화는 전극 사이의 정전 용량 변화로 이어지며, 이를 전기적 신호로 변환하여 습도를 측정합니다. 센서 표면에는 특수한 방진/방수 필터가 적용되어 있어 먼지나 오염물질로부터 보호됩니다.

DHT11의 신호 처리는 내장된 ADC(Analog-Digital Converter)를 통해 이루어집니다. 이 ADC는 서미스터와 정전 용량형 센서에서 발생하는 아날로그 신호를 디지털 값으로 변환합니다. 10비트 분해능을 가진 이 변환기는 자동 보정 회로를 포함하고 있어 측정값의 안정성을 높여줍니다. 또한 내장된 보정 메모리는 공장 출하 시 설정된 보정값을 저장하여 정확한 측정을 가능하게 합니다.

센서의 물리적 구조는 보호와 정확한 측정을 위해 세심하게 설계되어 있습니다. 플라스틱

케이스에는 적절한 크기의 환기창이 있어 공기가 원활하게 순환할 수 있으며, 동시에 먼지의 유입을 방지합니다. 내부의 감지 소자들은 세라믹 기판 위에 정밀하게 배치되어 있으며, 각각의 소자는 보호 코팅으로 처리되어 있습니다. 전극과 연결부는 금속 도금 처리되어 부식을 방지하고 전기적 접촉의 신뢰성을 높입니다.

이러한 기술들이 조합되어 DHT11은 0°C에서 50°C 사이의 온도와 20-90% 사이의 상대습도를 측정할 수 있습니다. 온도는 ±2°C의 정확도를, 습도는 ±5%RH의 정확도를 가지며, 이는 대부분의 일반적인 환경 모니터링 용도에 충분한 수준입니다. 1Hz의 샘플링 속도는 급격한 환경 변화가 없는 일반적인 실내 환경 모니터링에 적합하며, 이러한 특성들이 결합되어 DHT11을 비용 효율적이고 실용적인 온습도 센서로 만들어줍니다.

Chapter 13 센서와 엑추에이터 1, 서보 모터

Chapter 13에서는 UNIT 13 보드 회로를 활용하여 센서와 엑추에이터의 기본 개념을 학습하고, 이를 활용한 다양한 응용 방법을 다룬다. 조도센서, 포텐션미터, 푸시버튼 등의 센서를 통해 데이터를 수집하고, 서보 모터와 부저 같은 엑추에이터를 제어하여 인터랙티브한 시스템을 구현한다.

[그림 27] 완성된 Unit 13

특히, 이 장에서는 다음과 같은 세 가지 실습을 통해 센서와 엑추에이터의 연동을 학습한다:

① **광량에 따른 서보 모터 구동** : 조도센서를 사용하여 주변 빛의 강도에 따라 서보 모터가 특정 각도로 이동하도록 제어한다. 예를 들어, 빛이 약해지면 서보 모터가 자동으로 특정 위치로 이동한다.

② **포텐션미터에 따른 서보 모터 구동** : 사용자가 포텐션미터를 조작하여 서보 모터의 회전 각도를 세밀하게 조정할 수 있다. 이는 아날로그 입력값을 기반으로 한 실시간 제어의 예를 제공한다.

③ **버튼 입력에 따른 서보 모터 구동** : 푸시버튼을 통해 서보 모터를 특정 초기 상태로 복귀시키거나 특정 동작을 활성화한다. 이 방법은 디지털 입력을 기반으로 동작을 트리거하는 예를 보여준다.

센서와 엑추에이터의 기본 개념

- **센서** : 물리량을 전기 신호로 변환하는 장치
  - 조도센서: 빛의 세기를 전기 신호로 변환
  - 포텐션미터: 수동으로 조절 가능한 저항값
  - 푸시버튼: 접점 신호 입력
- **엑추에이터** : 전기 신호를 물리적 동작으로 변환
  - 서보모터: 정밀한 각도 제어가 가능한 모터
  - 부저: 소리 출력 장치

주요 특징

- 아날로그/디지털 입력 신호 처리
- PWM을 통한 서보모터 제어
- LCD를 통한 정보 표시
- 다양한 센서값에 따른 모터 제어
- LED와 부저로 상태 알림

1 준비물

1) UNIT 13 PCB 보드

2) 부품 목록:

- 조도센서(GL5516) 1개 (CDS)
- 포텐셔미터 1개 (VR1)
- 서보모터 1개 (M1)
- 푸시버튼 2개 (SW1, SW2)
- 10kΩ 저항 2개 (R2, R3, R4)
- 부저 1개 (BZ1)

3) 납땜 도구:

- 인두, 납, 니퍼, 롱노우즈

2 조립 순서

1) 저항 납땜하기

- R2-R3-R4: 10kΩ (갈색-검정-주황)

2) 센서류 납땜하기

- 조도센서(GL5516)
- VR1: 포텐셔미터

3) 푸시버튼 납땜하기

4) 기타 부품 납땜하기

- M1: 서보모터 (극성 주의)
- BZ1: 부저 (극성 주의)

5) 핀헤더 소켓 부착

3 동작 테스트

1) 입력 장치 테스트

- 조도센서 값 읽기
- 포텐셔미터 값 읽기
- 푸시버튼 동작 확인

2) 서보모터 테스트

- 기본 각도 제어
- 속도 제어
- 위치 제어 정확도 확인

3) 통합 동작 테스트

- 센서값에 따른 모터 제어
- 버튼을 통한 모드 전환
- LCD 정보 표시
- 부저 알림음 동작

서보모터 테스트

```
#include <LiquidCrystal_I2C.h>
#include <Servo.h>

// I2C 주소 0x3F에 LCD 초기화 (16x2 크기)
LiquidCrystal_I2C lcd(0x3F, 16, 2);

Servo myServo;  // 서보 모터 객체를 선언합니다.

void setup() {
  lcd.init();
  lcd.backlight();
  lcd.setCursor(0, 0); // 첫 번째 줄 첫 번째 칸으로 커서 이동
  lcd.print("Arduino Friends!");
  lcd.setCursor(0, 1); // 첫 번째 줄 첫 번째 칸으로 커서 이동
  lcd.print("Unit13 Example 1");

  myServo.attach(8);  // D8 핀에 서보 모터를 연결합니다.
}

void loop() {
  // 서보 모터를 0도에서 180도까지 회전시킵니다.
  for (int pos = 0; pos <= 180; pos++) {
    myServo.write(pos);  // 현재 위치로 서보 모터를 이동시킵니다.
    delay(15);           // 모터가 이동할 시간을 줍니다.
  }

  // 서보 모터를 180도에서 0도로 되돌립니다.
  for (int pos = 180; pos >= 0; pos--) {
    myServo.write(pos);  // 현재 위치로 서보 모터를 이동시킵니다.
    delay(15);           // 모터가 이동할 시간을 줍니다.
  }
}
```

4 Unit 13 회로도

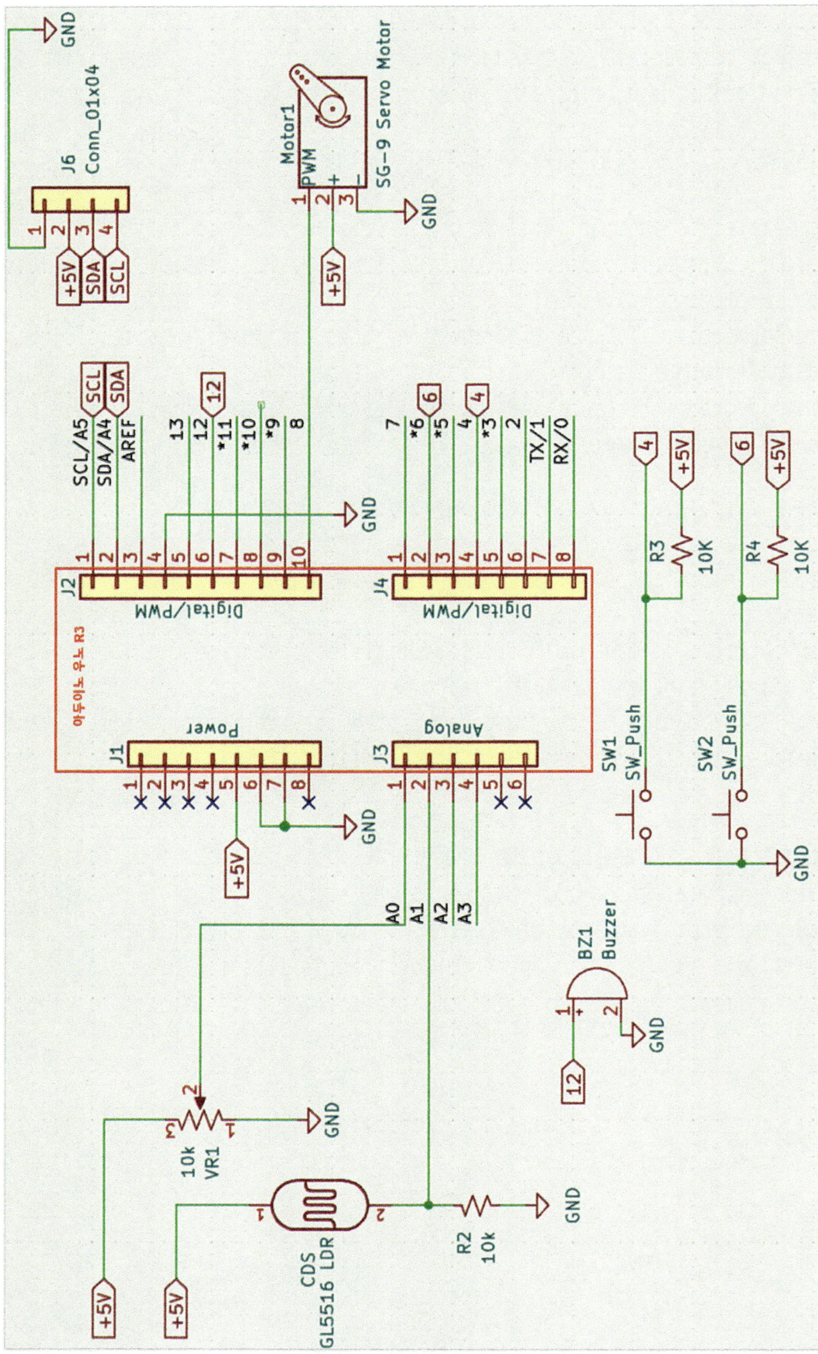

[그림 28] Unit 13의 회로도

읽을 거리

서보모터의 원리와 응용 기초지식

서보모터는 1940년대 후반 군사용 레이더 안테나의 정밀 제어를 위해 처음 개발되었습니다. 위치 피드백을 통한 정밀한 각도 제어가 가능한 이 모터는 이후 RC(무선조종) 모델, 로봇공학, 자동화 장비 등 다양한 분야로 발전했습니다.

SG90 서보모터는 Tower Pro사에서 제조한 소형 서보모터로, 'SG'는 Servo Gear의 약자이며 '90'은 9g의 무게를 의미합니다. 가벼운 무게, 컴팩트한 크기, 저렴한 가격으로 인해 교육용 및 취미용 프로젝트에서 가장 널리 사용되는 서보모터 모델입니다.

SG90은 23 x 12.2 x 29mm의 작은 크기와 9g의 가벼운 무게를 특징으로 합니다. 3핀 커넥터(PWM 신호선-주황색, 전원선-적색, 접지선-갈색)를 통해 연결되며, 플라스틱 기어와 케이스로 구성되어 있습니다. 내부에는 DC모터, 포텐셔미터, 제어회로가 포함되어 있어 정밀한 각도 제어가 가능합니다.

작동 전압은 4.8V~6V DC(권장 5V)이며, 4.8V에서 1.2kg · cm, 6V에서 1.6kg · cm의 토크를 제공합니다. 회전 속도는 4.8V 기준 0.12초/60도로, 일반적인 용도에 충분한 성능을 보여줍니다. 대기 전류는 10mA 이하, 동작 전류는 100-250mA 수준을 유지합니다.

180도 범위 내에서 회전이 가능하며, 20ms(50Hz) 주기의 PWM 신호로 제어됩니다. 펄스 폭 1.0ms에서 0도, 1.5ms에서 90도(중립), 2.0ms에서 180도 위치를 가지며, 약 10μs의 데드밴드를 가집니다. Arduino의 Servo 라이브러리를 통해 쉽게 제어할 수 있습니다.

교육용 로봇, RC 취미, 카메라 짐벌, 소형 자동화 장치 등 다양한 분야에서 활용됩니다. 특히 아두이노나 라즈베리파이와 같은 교육용 플랫폼과의 호환성이 좋아 입문자들의 첫 프로젝트에 자주 사용됩니다. 연속 회전 개조, 피드백 신호 추가 등 다양한 개조도 가능합니다.

작동 온도 범위는 -30℃에서 +60℃까지이며, 약 10만 회전의 작동 수명을 가집니다. 나일론 기어와 플라스틱 베어링을 사용하여 가격은 저렴하지만, 과부하나 급격한 방향 전환 시 기어가 손상될 수 있어 주의가 필요합니다. 가격이 저렴해 교체가 용이한 것이 장점입니다.

180도 이상의 회전을 시도하면 기어가 손상될 수 있으며, 전압의 안정적인 공급이 중요합니다. 연속 동작 시 과열에 주의해야 하며, 최대 토크를 초과하는 부하는 피해야 합니다. 디지털 제어 신호의 정확한 타이밍도 중요한 고려사항입니다.

RC 커뮤니티에서는 '반고흐 서보'라는 별명으로도 불리며, 전 세계적으로 수많은 클론 제품이 존재합니다. "서보모터 3개 태워먹으면 졸업"이라는 말이 있을 정도로 입문자들의 학습 과정에서 중요한 역할을 합니다. 저렴한 가격과 쉬운 구조로 인해 실험적인 프로젝트나 교육용 목적으로 널리 사용되고 있습니다.

Chapter 14 센서와 엑추에이터 2, 스테핑 모터

Chapter 14에서는 UNIT 14 보드 회로를 활용하여 스테핑 모터 제어를 학습한다. 포텐션미터, 푸시버튼 등의 센서를 통해 입력을 받고, 스테핑 모터 드라이버(ULN2003A)와 모터(28BYJ-48)를 제어하여 정밀한 위치 제어 시스템을 구현한다.

[그림 29] 완성된 Unit 14

특히, 이 장에서는 다음과 같은 두 가지 실습을 통해 센서와 엑추에이터의 연동을 학습한다:

① **포텐셔미터에 따른 스테핑 모터 속도 제어:** 사용자가 포텐셔미터를 조작하여 스테핑 모터의 회전 속도를 세밀하게 조정할 수 있다.
② **버튼 입력에 따른 스테핑 모터 방향 제어:** 푸시버튼을 통해 스테핑 모터의 회전 방향을 전환하고 특정 동작을 활성화한다.

센서와 엑추에이터의 기본 개념

- **센서** : 물리량을 전기 신호로 변환하는 장치
  - 포텐셔미터: 수동으로 조절 가능한 저항값
  - 푸시버튼: 접점 신호 입력
- **엑추에이터** : 전기 신호를 물리적 동작으로 변환
  - 스테핑 모터: 디지털 펄스를 통한 정밀 위치 제어
  - 부저: 소리 출력 장치

주요 특징

- 스테핑 모터의 속도/방향 제어
- 드라이버 IC를 통한 모터 구동
- 센서 입력에 따른 모터 제어
- 부저를 통한 동작 상태 알림

1 준비물

1) UNIT 14 PCB 보드

2) 부품 목록:

- 스테핑 모터(28BYJ-48) 1개
- 모터 드라이버(ULN2003A) 1개
- 포텐셔미터 10kΩ 1개 (VR1)
- 푸시버튼 2개 (SW1, SW2)

- 10kΩ 저항 2개 (R1, R2)
- 47μF 콘덴서 1개 (C1)
- 부저 1개 (BZ1)

3) 납땜 도구:

- 인두, 납, 니퍼, 롱노우즈

2 조립 순서

1) 저항 납땜하기

- R1~R2: 10kΩ (갈색-검정-주황)

2) 콘덴서 납땜하기

- C1: 47μF (무극성)

3) IC 및 소켓 납땜하기

- U1: ULN2003A IC 소켓

4) 푸시버튼 납땜하기

- SW1, SW2 푸시버튼

5) 기타 부품 납땜하기

- 28BYJ-48 스테핑 모터 (5핀 커넥터)
- BZ1: 부저 (극성 주의)

6) 핀헤더 소켓 부착

- 아두이노 핀 배열 확인
- I2C 핀헤더 부착

3 동작 테스트

1) 입력 장치 테스트

- 포텐셔미터 값 읽기, 푸시버튼 동작 확인

2) 스테핑 모터 테스트

- 기본 스텝 동작, 속도 제어, 방향 전환

3) 통합 동작 테스트

- 포텐셔미터를 통한 속도 제어
- 버튼을 통한 방향 전환
- LCD 정보 표시
- 부저 알림음 동작

스테핑모터 테스트

```
#include <Stepper.h>

// 스테핑 모터 설정
const int STEPS_PER_REV = 2048;  // 28BYJ-48 모터 스텝 수

// 스테핑 모터 핀 설정, IN4, IN2, IN3, IN1 순서로 연결/
const int IN4 = 5;
const int IN2 = 3;
const int IN3 = 4;
const int IN1 = 2;

// 포텐셔미터 핀 설정
const int POT_PIN = A0;

// 스테퍼 모터 객체 생성 (IN4, IN2, IN3, IN1 순서)
Stepper stepper(STEPS_PER_REV, IN4, IN2, IN3, IN1);

void setup() {
  Serial.begin(9600); // 시리얼 통신 시작
```

```
  // 모터 핀 설정
  pinMode(IN1, OUTPUT);
  pinMode(IN2, OUTPUT);
  pinMode(IN3, OUTPUT);
  pinMode(IN4, OUTPUT);

  // 모터 초기 속도 설정
  stepper.setSpeed(14);  // 14 RPM
}

void loop() {
  // 포텐셔미터 값 읽기 (0-1023)
  int potValue = analogRead(POT_PIN);

  // 디버깅을 위한 가변저항 값 출력
  Serial.print("POT Value: ");
  Serial.print(potValue);

  // 중간값(512)을 기준으로 방향 결정
  if (potValue < 462) {
    stepper.step(4);     // 시계 방향
    Serial.println(" - Clockwise");
  }
  else if (potValue > 562) {
    stepper.step(-4);   // 반시계 방향
    Serial.println(" - Counter-Clockwise");
  }
  else {
    Serial.println(" - Stop");
  }
  delay(5);  // 딜레이
}
```

4 Unit 14 회로도

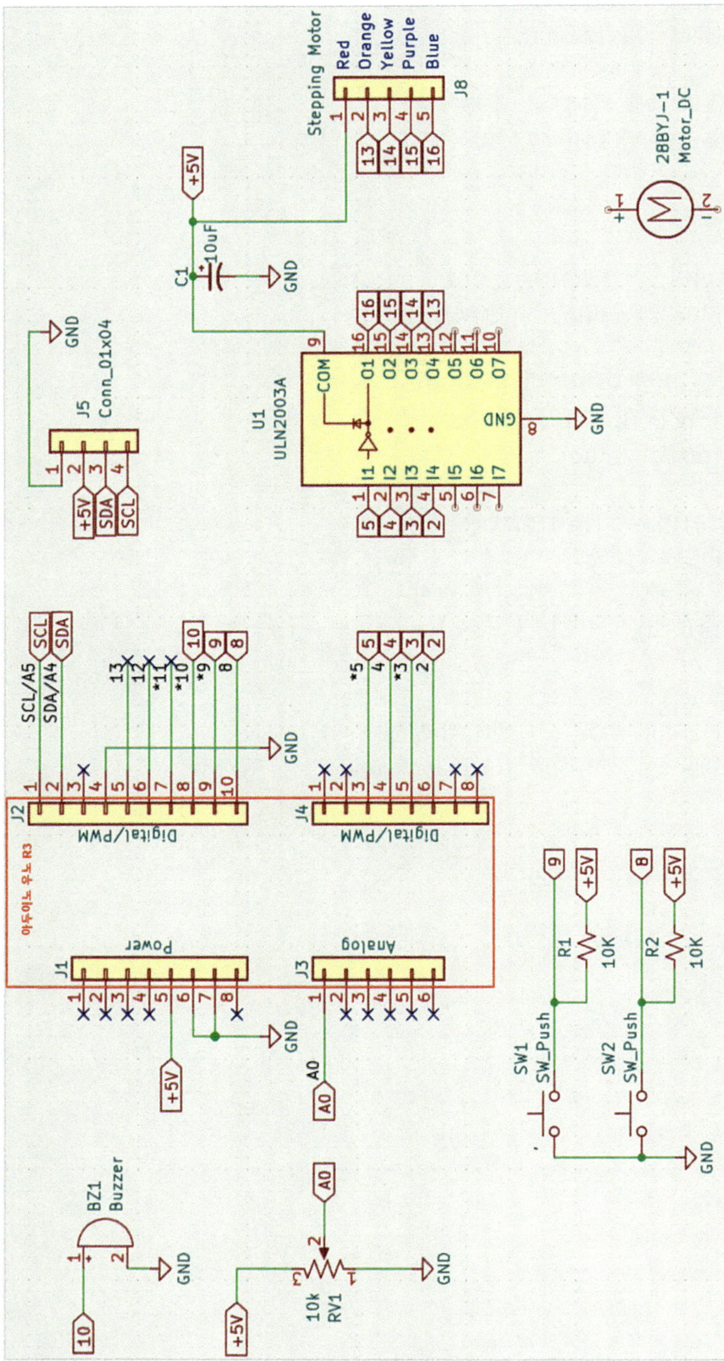

[그림 30] Unit 14의 회로도

읽을 거리

스테핑 모터의 원리와 응용 기초지식

스테핑 모터는 디지털 펄스 신호를 정밀한 기계적 회전 운동으로 변환하는 고도화된 제어 장치입니다. 1951년 일본의 정밀 기계 기술을 바탕으로 설립된 Minebea(현 MinebeaMitsumi)는 초정밀 베어링 기술을 기반으로 스테핑 모터 기술을 발전시켰습니다. 특히 28BYJ-48 모델은 혁신적인 설계와 안정적인 성능으로 전 세계 산업 표준으로 자리잡았으며, 현대 자동화 시스템의 핵심 부품이 되었습니다.

스테핑 모터의 구동 방식은 유니폴라와 바이폴라 두 가지 주요 방식으로 발전했습니다. 유니폴라 방식은 중간 탭이 있는 코일 구조를 채택하여 제어 회로를 단순화했으며, ULN2003A 같은 간단한 드라이버로도 구동이 가능합니다. 반면 바이폴라 방식은 H-브릿지 회로를 통한 양방향 전류 제어로 더 높은 토크와 효율을 제공하지만, 제어 회로가 복잡하고 비용이 증가하는 특징이 있습니다. 28BYJ-48은 유니폴라 방식의 대표 모델이며, NEMA 시리즈는 바이폴라 방식의 산업 표준으로 자리잡았습니다.

스테핑 모터의 제어 방식은 지속적으로 발전하여 현재 1상, 2상, 1-2상 여자, 마이크로스텝 등 다양한 방식이 활용되고 있습니다. 1상 여자 방식은 단일 코일만 사용하여 전력 효율이 높지만 토크가 제한적이며, 2상 여자 방식은 두 코일을 동시에 사용하여 높은 토크를 제공하지만 전력 소비가 큽니다. 1-2상 여자 방식은 이 두 방식의 장점을 결합하여 중간 수준의 성능을 제공합니다. 최신 기술인 마이크로스텝 제어는 코일 전류를 정밀하게 제어하여 기본 스텝각보다 더 작은 각도로 제어할 수 있으며, 이는 진동과 공진을 감소시키는 효과도 있습니다.

28BYJ-48은 정교한 8극 스테이터와 4극 로터 구조에 5단 리덕션 기어(1:64)를 결합하여 놀라운 정밀도를 실현했습니다. 기본 5.625° 스텝각을 0.088°까지 정밀하게 제어할 수 있어, 높은 정확도가 요구되는 응용 분야에 적합합니다. 5V DC 동작 전압에서 상당 저항 50Ω±7%, 인덕턴스 42mH±20%의 안정적인 전기적 특성을 제공하며, 최대 15RPM의 속도와 34.3mN.m의 홀딩 토크로 다양한 응용이 가능합니다. Red(공통선), Orange, Yellow, Purple, Blue로 구성된 5선식 구조는 산업 표준이 되었으며, ULN2003A 드라이버와의 완벽한 호환성을 제공합니다.

현대의 스테핑 모터 제어 시스템은 마이크로컨트롤러 기반의 직접 제어와 전용 드라이버 IC를 통한 제어가 가능하며, PWM 기술을 활용한 정밀한 속도 제어와 가속/감속 프로파일 적용으로 시스템의 안정성을 크게 향상시켰습니다. 과전류 보호, 역기전력 방지, 열 관리, 스톨 감지 등 다양한 보호 기능이 구현되어 있어 신뢰성 높은 동작을 보장합니다. 또한, 피드백 시스템을 통한 위치 보정과 오차 보상 기능도 지원되어 더욱 정밀한 제어가 가능해졌습니다.

스테핑 모터는 초기 에어컨 플랩 제어용으로 설계되었으나, 현재는 3D 프린터, 로봇 관절, CNC 기기, 자동화 생산 라인 등 정밀 제어가 요구되는 다양한 산업 분야로 응용이 확대되었습니다. 특히 28BYJ-48은 뛰어난 가격 경쟁력과 안정적인 성능으로 메이커 문화와 교육용 프로젝트의 필수 부품이 되었으며, 오픈소스 하드웨어 생태계 발전에도 큰 기여를 했습니다. -10℃에서 +50℃의 넓은 동작 온도 범위, 10,000시간 이상의 긴 수명, ±5%의 우수한 스텝 정밀도, 35dB 이하의 저소음 특성은 산업계의 높은 신뢰를 받고 있습니다.

스테핑 모터 기술은 IoT와 스마트 팩토리의 발전과 함께 더욱 정교해지고 있습니다. 인공지능과 결합된 적응형 제어 알고리즘, 센서리스 위치 감지 기술, 에너지 효율 최적화 등 새로운 기술이 도입되면서 응용 범위가 계속 확대되고 있습니다. 또한, 새로운 소재와 제조 기술의 발전으로 더욱 컴팩트하고 효율적인 모터 설계가 가능해지고 있어, 스테핑 모터는 4차 산업혁명 시대의 핵심 구동 장치로서 그 중요성이 더욱 커질 것으로 전망됩니다.

읽을거리

NEMA 스테핑 모터 기초지식

NEMA 스테핑 모터는 미국전기제조업협회(National Electrical Manufacturers Association)의 규격을 따르는 바이폴라 방식의 스테핑 모터입니다. 모델명의 숫자는 모터 프레임의 크기를 0.1인치 단위로 나타내며, 이는 글로벌 산업 표준으로 자리 잡았습니다.

주요 시리즈는 NEMA 17(1.7인치/42mm), NEMA 23(2.3인치/57mm), NEMA 34(3.4인치/86mm), NEMA 42(4.2인치/110mm) 등이 있으며, 각각의 크기에 따라 용도가 구분됩니다. NEMA 17은 3D 프린터나 소형 정밀 장비에, NEMA 23은 중형 산업용 장비에, NEMA 34와 42는 고토크가 필요한 대형 산업 설비에 주로 사용됩니다.

NEMA 스테핑 모터는 1.8° 기본 스텝각을 가져 한 바퀴에 200스텝의 정밀한 제어가 가능합니다. 바이폴라 방식을 채택하여 높은 토크와 정밀도를 제공하며, 4선식 또는 8선식 구조로 제공되어 다양한 배선 구성이 가능합니다. H-브릿지 드라이버를 통한 양방향 전류 제어가 필요하며, 마이크로스텝 제어를 지원하여 더욱 정밀한 위치 제어가 가능합니다.

산업 현장에서 NEMA 스테핑 모터는 CNC 공작기계, 산업용 로봇, 자동화 생산 설비, 정밀 측정 장비 등 다양한 분야에서 활용되고 있습니다. 특히 고정밀 위치 제어와 높은 토크가 요구되는 응용 분야에서 그 가치를 인정받고 있습니다. 전류 제어의 정밀도가 모터의 성능을 좌우하므로, 고품질 드라이버와 정교한 제어 알고리즘의 적용이 중요합니다.

NEMA 표준의 도입으로 모터의 호환성과 신뢰성이 크게 향상되었으며, 이는 산업 자동화의 발전에 중요한 기여를 했습니다. 향후 IoT와 스마트 팩토리의 발전과 함께 NEMA 스테핑 모터의 지능화와 네트워크 연결성이 더욱 강화될 것으로 전망됩니다.

Chapter
15

데이터의 시각화, WC1602A LCD I2C

Chapter 15에서는 UNIT 15 보드 회로를 활용하여 LCD 디스플레이를 통한 데이터 시각화를 학습한다. PCF8574 I2C 확장 모듈과 WC1602A LCD를 사용하여 문자와 데이터를 표시하고, 백라이트 제어를 통해 다양한 표시 효과를 구현한다.

[그림 31] 완성된 Unit 15

WC1602A LCD는 16x2 문자형 LCD 디스플레이로, 주로 아두이노 프로젝트에서 많이 사용된다. 이 LCD는 16개의 문자와 2개의 줄을 표시할 수 있으며, HD44780 드라이버 칩을 기반으로 작동한다. 다양한 방식으로 제어할 수 있는데, 4비트 모드, 8비트 모드 그리고 I2C 통신을 이용한 제어 방식이 있다.

WC1602A LCD를 I2C 통신 방식으로 제어하는 방법은 LCD와 마이크로컨트롤러 간의 데이터 및 클록 신호를 간소화하여 GPIO 핀을 적게 사용하면서도 효율적으로 제어하는 기술이다. 이를 위해 I2C 변환 모듈(예: PCF8574 I/O 확장기)을 사용한다.

Unit 15에서 I2C 통신의 원리, 사용법, 예제 코드, 그리고 필요한 설정에 대해 자세히 설명하겠다. I2C 방식은 핀을 최소화하면서도 LCD 제어를 간단하게 할 수 있는 강력한 방법이다. 특히 프로젝트에서 GPIO 핀이 부족한 경우 매우 유용하다. 위의 설명과 예제 코드를 참고하여 WC1602A LCD를 효율적으로 제어해보자.

I2C LCD의 기본 개념

WC1602A LCD는 16x2 문자형 LCD 디스플레이로, HD44780 드라이버 칩을 기반으로 동작한다. PCF8574 I2C 확장 모듈을 통해 아두이노와 통신하며, 단 2개의 핀(SDA, SCL)으로 LCD를 제어할 수 있다.

주요 특징

- 16x2 캐릭터 LCD 표시
- I2C 통신을 통한 간단한 제어 (SDA, SCL)
- PCF8574를 통한 8비트 병렬 데이터 변환
- 백라이트 ON/OFF 제어 가능
- 3개의 아날로그 입력 활용 가능

1 준비물

1) UNIT 15 PCB 보드

2) 부품 목록:

- WC1602A LCD 모듈 1개
- PCF8574 I2C 확장 IC 1개 (U1)
- 10kΩ 저항 3개 (R1~R3)
- 4.7kΩ 저항 2개 (R5, R6)
- 5kΩ 포텐셔미터 1개 (RV1)
- 0.1μF 콘덴서 1개 (C1)
- 2N2222 트랜지스터 1개 (Q1)

3) 납땜 도구:

인두, 납, 니퍼, 롱노우즈

2 조립 순서

1) 저항 납땜하기

- R1~R3: 10kΩ (갈색-검정-주황)
- R5, R6: 4.7kΩ (노랑-보라-적색)
- RV1: 5kΩ 포텐셔미터

2) 콘덴서 납땜하기

- C1: 0.1μF (무극성)

3) IC 및 소켓 납땜하기

- U1: PCF8574 IC (방향 주의)
- Q1: 2N2222 트랜지스터

4) LCD 모듈 연결

- WC1602A LCD

5) 핀헤더 소켓 부착

- I2C 핀헤더 부착 (J5, J6)
- 아두이노 핀 배열 확인

3 동작 테스트

1) I2C 통신 테스트

- I2C 주소 확인

2) LCD 기능 테스트

- 문자 표시 테스트
- 백라이트 제어
- 커서 위치 제어

예제코드: I2C 주소 확인

```
#include <Wire.h>

void setup() {
  Wire.begin();
  Serial.begin(9600);
  while (!Serial); // 시리얼 통신 준비가 완료될 때까지 대기 (필요한 경우)
  Serial.println("₩nI2C 스캐너 시작");
}

void loop() {
  byte error, address;
  int nDevices;

  Serial.println("I2C 장치 검색 중...₩n");
```

```
  nDevices = 0;
  for (address = 1; address < 127; address++) {
    Wire.beginTransmission(address);
    error = Wire.endTransmission();

    if (error == 0) {
      Serial.print("I2C 장치 발견: 주소 0x");
      if (address < 16)
        Serial.print("0");
      Serial.print(address, HEX);
      Serial.println(" !");

      nDevices++;
    } else if (error == 4) {
      Serial.print("알 수 없는 에러 주소 0x");
      if (address < 16)
        Serial.print("0");
      Serial.println(address, HEX);
    }
  }
  if (nDevices == 0)
    Serial.println("I2C 장치를 찾을 수 없습니다\n");
  else
    Serial.println("검색 완료\n");

  delay(5000); // 5초 대기 후 다시 스캔
}
```

4 Unit 15 회로도

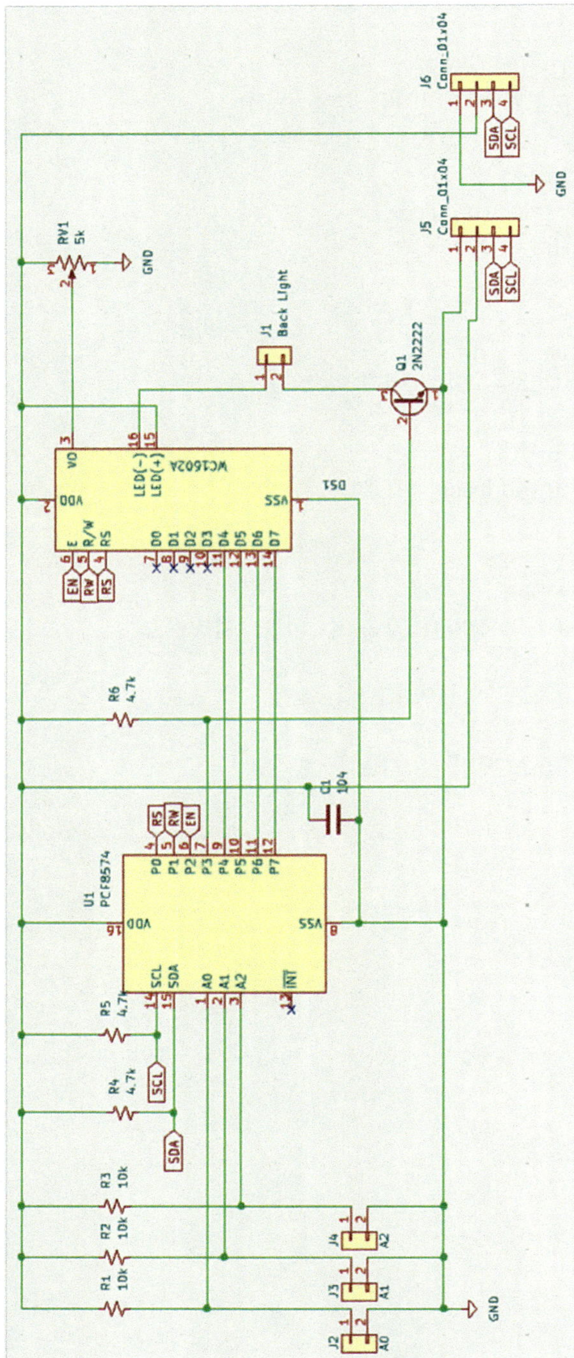

[그림 32] Unit 15의 회로도

읽을거리

LCD와 I2C 통신의 발전과 원리의 기초지식

LCD(Liquid Crystal Display)의 역사는 1960년대 RCA 연구소에서 시작되었습니다. 1974년 처음으로 문자형 LCD가 개발되었고, 1980년대에 들어서면서 HD44780 컨트롤러가 등장하며 현대적인 캐릭터 LCD의 표준이 되었습니다.

WC1602A LCD는 1980년대 초반 Hitachi가 개발한 HD44780U LCD 컨트롤러를 기반으로 탄생했습니다. 처음에는 단순한 가정용 전자제품의 디스플레이로 기획되었으나, 대만의 Winstar Display Corporation이 이를 기반으로 개발한 WC1602A는 예상을 뛰어넘는 성공을 거두게 됩니다.

개발 과정에서 몇 가지 흥미로운 이야기가 있습니다. 초기 HD44780 컨트롤러에서 발견된 타이밍 버그는 제품 수정이 어려운 상황에서 오히려 표준이 되어버렸습니다. 후속 제조사들은 호환성을 위해 이 버그를 의도적으로 구현해야 했고, 이는 LCD 업계에서 유명한 일화가 되었습니다. 또한, 처음에는 일본어 가타카나만 지원했으나, 개발자들의 요청으로 사용자 정의 문자를 만들 수 있는 CGRAM 기능이 추가되었습니다. 이 기능의 추가로 게임기나 특수 장비 등 더 넓은 분야에서 활용될 수 있게 되었습니다.

기술적으로 WC1602A는 16글자 2줄을 표시할 수 있는 문자 LCD입니다. 통신 방식으로는 8비트 모드, 4비트 모드, 그리고 후에 추가된 I2C 모드를 지원합니다. 8비트 모드는 가장 빠른 속도를 제공하지만 많은 핀을 필요로 하고, 4비트 모드는 적은 핀으로 동작이 가능하며, I2C 모드는 PCF8574 모듈을 통해 단 두 개의 선으로 통신할 수 있게 해줍니다.

이 제품이 40년 이상 현역으로 사용되고 있는 것은 매우 특별한 사례입니다. 업계에서는 "더 좋은 디스플레이가 많이 나왔지만, 이만큼 고장 없이 오래 쓸 수 있는 제품은 없다"는 평가가 있습니다. 이러한 신뢰성은 특히 산업 현장에서 높이 평가받았고, 결과적으로 가정용보다 산업용 시장에서 더 큰 성공을 거두게 되었습니다.

현재 WC1602A는 Winstar Display Corporation을 비롯해 LCM Manufacturing, Xiamen Zettler Electronics, Shenzhen Topway Technology, Jiangxi Huawei Display Technology 등 여러

제조사에서 생산되고 있습니다. 다양한 백라이트 색상과 문자 색상을 지원하는 변형 제품들도 출시되어 있습니다.

교육 분야에서도 큰 영향을 미쳤습니다. 아두이노와 같은 교육용 플랫폼의 표준 디스플레이로 채택되어 전 세계의 전자공학 교육에서 중요한 학습 도구로 사용되고 있습니다. 단순하면서도 견고한 설계, 명확한 동작 원리는 교육용으로도 매우 적합했기 때문입니다.

이처럼 WC1602A는 가정용으로 시작해 산업용 표준이 되었고, 교육용 도구로도 성공하면서 문자 LCD의 역사에서 가장 성공적인 제품 중 하나로 자리매김했습니다. 새로운 디스플레이 기술이 계속해서 등장하고 있음에도 불구하고, WC1602A의 안정성과 신뢰성은 여전히 많은 분야에서 높이 평가받고 있습니다. 버그가 사양이 되고, 사용자의 요청으로 새로운 기능이 추가되는 등 흥미로운 개발 히스토리를 가진 이 제품은, 전자 제품의 발전 과정에서 매우 독특하고 성공적인 사례로 평가받고 있습니다.

"아두이노 프렌즈 닷컴 안내"

Arduino Friends는 아두이노 학습을 보다 쉽고 효과적으로 진행할 수 있도록 설계된 교육용 기자재입니다. 본 제품은 입문자부터 중급자까지 단계별 학습이 가능하도록 구성되어 있으며, 센서 및 액추에이터 활용, 데이터 시각화, 프로그래밍 기초 등을 체계적으로 익힐 수 있도록 설계되었습니다.

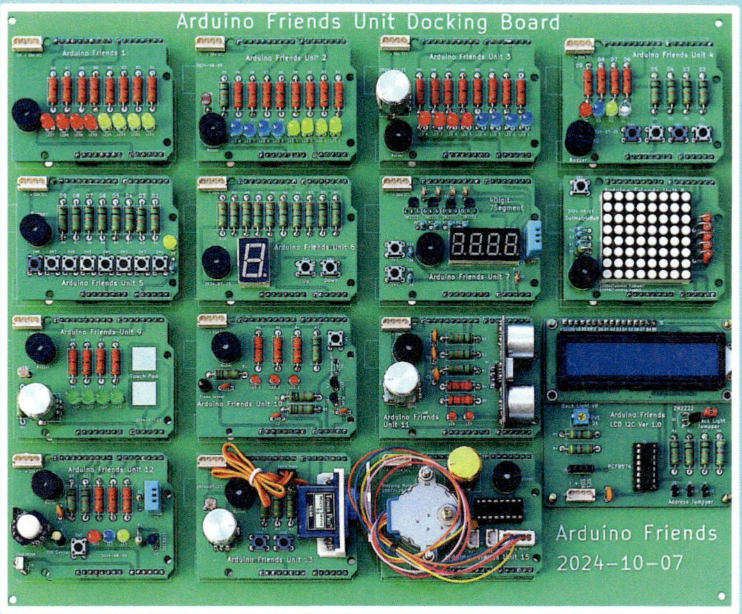

웹사이트 안내

Arduino Friends에 대한 자세한 정보는 공식 웹사이트에서 확인할 수 있습니다.

웹사이트 주소: www.arduinofriends.com

웹사이트에서는 다음과 같은 서비스를 제공합니다.

❶ **제품 구매**: 아두이노 프렌즈 키트 및 관련 부품 구매.
❷ **학습 자료 다운로드**: 실습에 필요한 예제 소스 코드 및 가이드 제공.
❸ **커뮤니티 지원**: 학습자 및 개발자 간 정보 공유 및 질의응답.

Arduino Friends는 단순한 하드웨어 키트가 아니라, 피지컬 컴퓨팅을 활용한 체계적인 학습 솔루션입니다. 프로그래밍과 센서 활용을 쉽게 익히고 싶은 분들은 웹사이트를 방문해보세요!

저자와의
협의에 의해
인지 생략

아두이노 프렌즈 ONE

1판 1쇄 2025년 3월 25일

저 자 유지철 / 홍종일 / 윤호섭

발행인 송광헌
발행처 도서출판 복두(더)
주 소 서울특별시 영등포구 경인로82길 3-4
센터플러스 807호 (우) 07371
전 화 02-2164-2580
FAX 02-2164-2584
등 록 1993. 11. 22. 제 10-902 호

정가 : 15,000원
ISBN : 979-11-6675-596-5 93560

한국과학기술출판협회 회원사